Schamanismus

Jenseitsreise und Ahnenkult
Schwitzhütte und Feuerlauf

FSC
www.fsc.org
MIX
Papier aus ver-
antwortungsvollen
Quellen
Paper from
responsible sources
FSC® C105338

Kontakt: www.HarryEilenstein.de / Harry.Eilenstein@web.de

Herstellung und Verlag: BoD - Books on Demand, Norderstedt

ISBN: 9783751948920

Schamane, Sibirien, 1692

für Jörg Wichmann †,
meinen jahrzehntelangen besten Freund

Inhaltsverzeichnis

I   Was ist ein Schamane?

Der Schamane ist der religös-spirituell-magische Spezialist der Altsteinzeit und folglich auch noch der heutigen Naturvölker, die noch immer weitgehend wie unsere Vorfahren in der Altsteinzeit leben.

Die Schamanen haben ein zentrales Aufgaben-Gebiet: die Herstellung des Kontaktes zu den Ahnen im Jenseits.

Die Schamanen werden dadurch zu einem Schamanen, daß sie einen Nahtod erleben, also z.B. beinahe von einem hungrigen Bären gefressen werden. Bei einem solchen Erlebnis verläßt die Seele („Astralkörper") den physischen Leib und schwebt über ihm, d.h. man sieht sich selber unter sich liegen. Dadurch erlebt man sehr deutlich, daß man mehr als nur der eigene physische Körper ist. Solch ein Erlebnis kann man ganz bewußt haben oder auch ohne Bewußtsein – im zweiten Fall ist es eine einfache Ohnmacht. Doch selbst bei einer Ohnmacht hat man oft noch eine diffuse Erinnerung daran, daß man sich selber wie ein Außenstehender bei der Ohnmacht zugeschaut hat.

Wenn ein Mensch, der einen solchen Nahtod erlebt hat, neugierig genug gewesen ist, um zu erforschen, wie man bewußt und willentlich den eigenen physischen Leib verlassen kann, hatte er die Fähigkeit erworben, in den „Seelen-Zustand" zu gehen. Da auch die Ahnen keinen Körper mehr haben und nur noch eine Seele sind, hatten diese Menschen, die ihren Körper willentlich verlassen konnten, die Möglichkeit, bewußt und absichtlich auch mit anderen Seelen Kontakt aufzunehmen – und folglich den Kontakt zwischen den Lebenden und den Ahnen herzustellen.

Solch ein Mensch war dann zu einem Schamanen geworden. Er war dann fortan für die Betreuung von anderen Menschen, die einen Nahtod erlebt hatten, für die Jenseitsreise zu den Ahnen und für das Leiten der Schwitzhütte, in denen ebenfalls die Ahnen herbeigerufen wurden, zuständig.

Da man damals jeglichen Rat und jegliche Hilfe von seinen Eltern erhielt (es gab damals noch keine Schulen und keine Sozialversicherung), wandte man sich auch nach dem Tod der eigenen Eltern noch um Rat und Hilfe an sie. So entstand die Vorstellung, daß jegliche Hilfe aus dem Jenseits kommt – einschließlich der magischen Hilfe. Daher war der Schamane als der, „der mit den Ahnen spricht", auch für jede Form der Magie zuständig.

II   Schamanen und Schamaninnen

Es ist schwierig einzuschätzen, ob es ursprünglich nur Schamanen, nur Schamaninnen oder beides gegeben hat. Zunächst einmal können sowohl Mann als Frau einen Nahtod erleben und folglich zu einem Schamanen bzw. zu einer Schamanin werden.

Auf den Bildern der Altsteinzeit sind jedoch nur männliche Tiertänzer zu sehen und auch aus der Jungsteinzeit gibt es nur Männer-Darstellungen, die man als Schamanen auffassen kann. Ebenso finden sich in der Epoche des Königtums nur Priester mit Schamanen-Funktion, aber keine Priesterinnen mit Schamanen-Funktion. Die Ausnahme davon sind die Priesterinnen auf Kreta, die zwei Schlangen in ihren Händen halten – sie könnten evtl. Schamaninnen-Priesterinnen sein.

In den Naturreligionen sind die Schamaninnen in den meisten Fällen vor allem für die Heilung mithilfe von Kräutern und für die Geburten zuständig. Lediglich in einigen Gegenden von Nordost-Afrika sowie in einigen Kulten wie Voodoo und Candomblé, die ebenfalls aus Afrika stammen, gibt es vorwiegend Schamaninnen und seltener Schamanen.

In manchen Kulturen unterbrechen die Schamaninnen ihre Tätigkeit für einige Jahre nach der Geburt eines Kindes sowie bei der Menstruation – was dazu führt, daß die wichtigsten Schamaninnen vor allem ältere Frauen sind.

Möglicherweise läßt sich dieser Befund dadurch erklären, daß in der Jägerkultur der Altsteinzeit vor allem die Männer bei der Jagd Nahtod-Erlebnisse gehabt haben und daher Schamanen werden konnten. Möglicherweise hat es auch immer vereinzelt Schamaninnen gegeben, aber eben so selten, daß sie in der Überlieferung nicht Erscheinung treten. Es ist jedoch nicht einmal völlig sicher, daß die Frauen nicht doch teilweise mit auf die Jagd gegangen sind …

Allerdings muß man auch bedenken, daß es aus sowohl aus der Altsteinzeit als auch aus der Jungsteinzeit nur sehr wenige Bilder von Schamanen gibt, was sichere Schlußfolgerungen sehr erschwert. Möglicherweise hat es in der Altsteinzeit auch Schamaninnen gegeben, aber nur Tiertänzer und keine Tiertänzerinnen – vielleicht, weil die Tiere auch mit der Jagd assoziiert worden sind.

Es läßt sich auf jeden Fall feststellen, daß heute sowohl Männer als auch Frauen ein Nahtod-Erlebnis haben können und über die Fähigkeit verfügen, dieses Erlebnis willentlich zu wiederholen und so auszubauen, daß sie zu Schamanen bzw. zu Schamaninnen werden können.

III Astralreise und Kundalini

Man wird primär dadurch zu einem Schamanen, daß man einen Nahtod („Astral-reise") erlebt und dann lernt, dieses Erlebnis willentlich zu zu wiederholen. Dabei gibt es drei verschiedene Methoden.

1. Meditation: Die Meditation ist die vermutlich älteste der drei Methoden. Sie ganz schlicht ist eine Nachahmung des Todeszustandes. Der Weg ins Jenseits und der Weg zur eigenen Seele ist derselbe Weg – deshalb ist z.B. das tibetische Totenbuch zugleich eine Beschreibung der Vorgänge nach dem Tod und eine Meditations-Anleitung.

Durch diese Nachahmung des Todes kommt man in die innere Stille und findet den Kontakt zur eigenen Seele. Beim Nahtod verläßt die Seele den Körper („Astralreise") und der Körper wird reglos – bei der Meditation wird der Körper reglos und die Seele verläßt den Körper. Durch die Darstellung der Folge des Nahtodes wird die Ursache hervorgerufen … Man kann die Meditation daher auch als eine willentlich herbeigeführte Ohnmacht auffassen.

Die Formen der Meditation, die zu dem Erlebnis einer Astralreise führen können, sind die verschiedenen Entspannungsübungen, die Selbsthypnose, das autogene Training u.ä. Diese Meditations-Formen führen dazu, daß man schrittweise mit seinem Bewußtsein von seinem phyischen Körper zu seinem Lebenskraftkörper (Astralkörper) wechselt: Durch die Entspannung verschwindet die Wahrnehmung des physischen Körpers in zunehmendem Maße – gleichzeitig rückt der Lebenskraftkörper in der Form von Schwere, Wärme und einem inneren Vibrieren von 6Hz in die Wahrnehmung, bis er sich dann schließlich von dem physischen Leib loslöst und sich dann unabhängig von ihm frei im Raum bewegen kann.

Als Nebeneffekt können diese Übungen auch die innere Stille hervorrufen, die wiederum zu einer direkten Wahrnehmung der eigenen Seele führen kann. Diese „erfüllte Stille" ist der Zustand des Seelen-Bewußtseins.

2. Ekstase: Die Ekstase ist eine Methode, um eine Einsgerichtetheit zu erreichen. Wenn man rückhaltlos, hemmungslos einsgerichtet ist, geschieht das, worauf man derart entschieden ausgerichtet ist – einschließlich der Jenseits-reise.

Um diesen Zustand zu erreichen, benutzen die Schamanen das Schlagen eines gleichmäßigen Taktes auf einer Trommel. Der gleichmäßige Klang hilft, das eigene Bewußtsein auszurichten. Auch alle heutigen Trancetänze haben als Grundelement einen lauten, gleichbleibenden Rhythmus – die Bewegungen des Körpers und die Ausrichtung des Bewußtseins schwingen sich auf diesen Takt ein.

Die dabei benutzte Trommel ist eine Rahmentrommel (Tambourin) – dies ist die einfachste Trommel, die dadurch entstanden ist, daß man ein Fell auf einen kreisförmig gebogenen Ast gespannt hat, um es zu gerben und zu bearbeiten.

Auf diese Trommel sind oft Jenseitsszenen gemalt – insbesondere der Weltenbaum als der Weg zwischen dem Diesseits und dem Jenseits.

3. Drogen: Die dritte und vermutlich jüngste Methode besteht in dem Benutzen von Drogen, die einen Todes-ähnlichen Zustand hervorrufen. Wenn man sich mit der Dosierung der dafür benutzen Giftpflanzen irrt, besteht die Gefahr, wirklich zu sterben. Es handelt sich also um einen durch Gift herbeigeführten Beinahe-Tod.

Mit der Astralreise ist ein zweites Phänomen eng verbunden: die Kundalini. Dieses Phänomen besteht im Wesentlichen aus dem Erlebnis einer im eigenen Körper aufsteigenden intensiven Hitze. Wenn die Schamanen die Astralreise geübt haben, werden sie fast zwangsläufig auch die Kundalini entdeckt haben.

Der Grund, daß diese beiden Phänomene eng miteinander verbunden sind, liegt daran, daß man zum Erlangen beider Erlebnisse den größten Teil der Zeit damit beschäftigt ist, sich seiner Lebenskraftkörpers (Astralkörper, Seele) bewußt zu werden. Diese Bewußtwerdung beginnt damit, daß man sich entspannt, sich dann schwer fühlt, danach warm und schließlich das Gefühl bekommt, daß der eigene Körper mit ca. 6Hz zu vibrieren beginnt. Dies sind auch dieselben Phänomene, die man beim Hervorrufen einer Hypnose benutzt: Entspannung, Schwere und Wärme (das Vibrieren wird bei der Hypnose nicht verwendet).

Bei der Astralreise besteht der nächste Schritt darin, daß sich das Vibrieren zu einem Schwanken und schließlich zu einem Loslösen des Astralkörpers vom physischen Körper ausweitet: eine äußere Bewegung.

Bei der Erweckung des Kundalini-Feuers besteht der nächste Schritt hingegen darin, das Vibrieren zu einer inneren Bewegung werden zu lassen, zu einer Konvektionsströmung im Körper-Inneren, die in etwa dem Blutkreislauf im physischen Körper entspricht: eine innere Bewegung. Diese Hitze steigt im Körperinneren wie der Strahl eines Springbrunnens auf, entfaltet sich über dem Kopf wie die Fontaine eines Springbrunnens und fließt dann außen rings um den Körper wie die Tropfen eines Springbrunnens herab und sammelt sich erneut unten im Körper.

Durch die Kundalini wird man sich auch der „Organe" im Lebenskraftkörper bewußt: die Chakren.

9

Die Lebenskraft, die Kundalini und die Chakren sind die Quelle der Magie, also der Prägung der Materie durch das Bewußtsein: die Telepathie und die Telekinese in ihren vielen Erscheinungsformen. Daher werden die Schamanen recht schnell auch zu den Magie-Spezialisten geworden sein.

Vermutlich wird aber zumindestens die Telepathie schon vor der Entstehung des Schamanismus bekannt gewesen sein: Noch heute spürt fast jeder Mensch, wenn er von hinten angestarrt wird – das ist damals eine überlebensnotwendige telepathische Fähigkeit gewesen, wenn sich ein hungriger Tiger von hinten angeschlichen hat …

IV   Die Ahnen

Noch vor 500 Jahren sind selbst in Europa die Eltern für die meisten Menschen der einzige Rückhalt in der Welt gewesen und auch die Menschen, von denen sie „Leben gelernt" haben. Ohne Sozialversicherungen, Schulen, Krankenhäuser, Polizei usw. sind die Menschen in vielen Situationen auf ihre Eltern angewiesen gewesen – sie waren die Autorität schlechthin.

Es ist daher nicht verwunderlich, daß man sich gewünscht hat, auch nach dem Tod der eigenen Eltern weiterhin Rückhalt von ihnen zu erhalten. Daraus ist das entstanden, was in der Religionsgeschichte etwas irreführend „Ahnenkult" genannt wird.

IV 1.   Altsteinzeit

Wie der Kontakt zu den Ahnen in der Altsteinzeit ausgesehen haben mag, ist weitgehend unbekannt. Die ältesten nachgewiesener Bestattungen sind 280.000 Jahre alt – sie stammen noch von dem Homo erectus, also von den Vorfahren des Homo sapiens.

Von dem Neandertaler ist ein Schädel bekannt, der in einer Höhle auf eine Art Sockel gestellt worden ist, was ihn wie ein Kult-Objekt wirken läßt. Auch der Homo erectus hat vor 400.000 Jahren an einem Wohnplatz mir mehreren Hütten, einem Schlachtplatz, einem Müllplatz u.ä. in Bilzingsleben in Thüringen auch einen zentralen, mit Steinen gepflasterten Platz angelegt, auf dem ein Altarstein mit einem Stierschädel und Fragmenten von Totenschädeln von Menschen lagen.

Es könnte also gut sein, daß die Menschen bereits in der Altsteinzeit seit mehr als 400.000 Jahren die Totenschädel ihrer Vorfahren dazu benutzt haben, mit diesen Vorfahren nach deren Tod weiterhin Kontakt aufzunehmen.

Vermutlich haben auch schon damals die im Kreis stehenden und zusammengebundenen Stäbe, aus denen man eine Schwitzhütte errichtet hat, die Ahnen repräsentiert, die ihren Nachkommen, die in der Schwitzhütten mit diesen senkrechten, in der Erde steckenden Stäben hinter ihnen gesessen haben, Rückhalt gegeben haben.

Die Schamanen sind sehr wahrscheinlich dafür zuständig gewesen, den Kontakt zu diesen Ahnen herzustellen. Es ist allerdings anzunehmen, daß dieser Kontakt im Prinzip jedem offen gestanden hat, daß die Schamanen darin jedoch geübter waren als die meisten anderen Menschen.

IV 2. Jungsteinzeit

In der Jungsteinzeit ist der Brauch, die Totenschädel der Verstorbenen in Nischen in den Wänden der Wohnhäuser aufzubewahren, weit verbreitet gewesen. Sie wurden teilweise mit Ton überzogen, der zu einem möglichst realistischen Bild des Toten geformt worden ist.

Aus den Stäben der Schwitzhütte sind die Pfeiler in den frühen Tempeln der Menschen geworden, die vor 12.000 Jahren halb aus Stein und halb aus Ästen und Fellen errichtet worden sind (Göbekli Tepe, Nevali Cori u.a.). Diese Pfeiler standen in der aus Steinen aufgeschichteten Grundmauer dieser Schwitzhütten-Tempel – also wie die Stäbe in der Schwitzhütte in einem Kreis. Diese Pfeiler sind aufgrund ihrer Arme, angedeuteten Augen, Kleidung u.ä. deutlich als stilisierte Menschen erkennbar: die Ahnen.

Als noch mehr Menschen zusammenlebten und man größere Tempel brauchte, ließ man die Mauer der Schwitzhütten-Tempels fort und beschränkte sich auf den Kreis von Ahnen-Pfeilern, die man dann auch noch durch einfache Felsen ersetzte. So entstanden die Steinkreise der Menhir-Kultur.

Sehr wahrscheinlich sind auch „Steinkreise", die nur aus Holzpfosten bestanden und nicht aus Steinen, recht weit verbreitet gewesen, da Holz fast immer der Vorläufer von Stein gewesen ist. Der bekannteste „Holzkreis" ist vermutlich Woodhenge in der Nähe von Stonehenge in Südengland.

Es ist anzunehmen, daß es neben den halbsteinernen Schwitzhütten-Tempel damals auch noch immer die einfachen Schwitzhütten aus der Altsteinzeit gegeben hat. Die Vorläufer der Ahnen-Pfeiler in den jungsteinzeitlichen Schwitzhütten-Tempeln werden nicht nur die Schwitzhütten-Stäbe gewesen sein, sondern auch die hölzernen Totempfähle, die sich weltweit außer in Afrika finden und die überall die Ahnen selber oder das Tor zu ihnen darstellen. Sie reichen von einfachen Ahnen-Stäben bis hinzu komplexen Totempfählen.

Das Gespräch mit den Toten werden die Schamanen geführt haben, während sie entweder vor dem Totenschädel des Betreffenden oder auf seinem Grab gesessen haben. Auf den Gräbern wurde damals ein Reisighügel errichtet – der Schwangerschafts-Bauch der Erde/Göttin, die den Toten im Jenseits wiedergebiert. Aus diesen Grab-Reisighügeln sind dann später die Hügelgräber geworden.

Aus dem Sitzen auf dem Reisighügel auf dem Grab ist dann der „Sehersitz" abgeleitet worden. Er findet sich bei den Germanen als das Holzgerüst der Seherinnen und Zauberer, bei den Kelten als der aus Ebereschenzweigen geflochtene Sitz der Druiden, bei den Skythen als der Reisighügel des Göttervaters Papaios, bei den Indern als der Sockel, auf denen die Götter und die Yogis sitzen, bei den Ägyptern als der flache Tisch, auf dem der „Sem" („Helfer") genannte Schamanen-Priester bei der

Bestattung sitzt, als der flache Sockel der Schamanen in der Harappa-Kultur am Indus usw.

Aus dem Bild der Wasserunterwelt ist das Motiv der ins Diesseits zurückkehrenden Seele bzw. Sonne als ein aus einem See aufsteigender Lotus abgeleitet worden, das aus Ägypten, Indien und Mittelamerika (Mayas) bekannt ist.

IV 3. Königtum

In der Epoche des Königtums wurden aus den Schwitzhütten-Stäben, den Ahnen-Stäben, den Pfeilern in den Schwitzhütten-Tempeln und den Menhiren der Steinkreise schließlich die Säulen in den Tempeln sowie die Statuen der Götter und der Ahnen in diesen Tempeln.

Der Schädelkult der Alt- und Jungsteinzeit hat sich jedoch lange Zeit hartnäckig halten können. Insbesondere der Brauch, aus den Totenschädeln von Verstorbenen zu trinken, um die Fähigkeiten und den Segen dieser Toten zu erhalten, ist sehr beständig gewesen. Er findet sich noch heute im tibetischen Buddhismus und auch im Christentum ist es bis ins Mittelalter hinein üblich gewesen, zu der Schädel-Reliquie eines Heiligen zu pilgern, um aus dessen Schädel trinken zu können und auf diese Weise dessen Segen zu erhalten. Da jeder Heilige für klar definierte Hilfen, Heilungen, Segnungen usw. zuständig war, wußte man damals auch genau, aus welcher Heilgen-Schädelschale man bei dem Problem, das man hatte, trinken mußte.

Auch die Bitten an die Ahnen um Rat und Hilfe an den Gräbern ist damals so weit verbreitet gewesen, daß sie die eigentliche christliche Religion in den Hintergrund zu drängen drohte – das ist der Grund dafür, daß die Kirche diese Gespräche mit den Toten derart vehement verdammt hat, daß diese Gespräche in der Form der nächtlichen Totenbeschwörung am Kreuzweg zu einem der gruseligsten Dinge geworden sind, die man heutzutage kennt.

Aus den Schamanen wurden in dieser Epoche die Priester. Die Schamanen bestanden nur noch in einer Spezialfunktion als Jenseitsreisende, Bestattungspriester, Krönungspriester, Seher u.ä. weiter – sie waren also weiterhin für die Reise in das Jenseits zuständig. Dieser „Priester für Sonderaufgaben" trat jedoch mit der Zeit immer mehr in den Hintergrund und verschwand schließlich ganz.

13

IV 4. Materialismus

Im Materialismus ist der Ahnenkult fast vollständig verblaßt – die Toten waren tot und die Seele war nichts als ein Hirngespinst abergläubischer Menschen. Aus dieser Sicht waren Religionen bestenfalls prä-logische humanitäre Einrichtungen und schlimmstenfalls „Opium für das Volk".

Lediglich im Spiritismus hat dieser Kontakt zu den Toten weiterbestanden – die Spiritisten waren in dieser Epoche die letzten Schamanen, die es noch gegeben hat.

Man könnte natürlich auch die naturwissenschaftlichen Forscher als Nachkommen der Schamanen ansehen, da beide das Unbekannte erforschen – aber diese Übereinstimmung betrifft nur den Wissensdrang, aber nicht den Tätigkeitsbereich selber.

IV 5. Globalisierung

Der Ahnenkult hat mittlerweile unter einem neuen Namen, aber mit den alten Funktionen wieder einen Weg in das heutige Weltbild gefunden: die systemischen Familienaufstellungen. Diese Methode stammt von den südafrikanischen Schamanen und ist von Bert Hellinger so aufbereitet und umformuliert worden, daß sie ganz unmagisch, unspirituell und unreligös wirkt und wie eine psychologische Therapie klingt – sie ist natürlich auch psychologisch ausgesprochen wirksam.

Generell haben die psychologisch orientierten Therapeuten viele Aufgaben der Schamanen übernommen. Die Therapeuten, die auch Traumreisen und Aufstellungen benutzen und evtl. noch einen spirituellen Hintergrund haben, kommen in der heutigen westlichen Kultur den früheren Schamanen am nächsten. Es gibt auch zunehmend Menschen, die die Erkenntnisse, Methoden und Traditionen aller bisherigen Epochen miteinander verbinden und auf diese Weise eine neue Form des „spirituell-magischen Helfers" entstehen lassen.

Sie verbinden u.a. die folgenden Dinge miteinander:

- (Altsteinzeit): Jenseitsreisen, Schwitzhütten, Familienaufstellungen, Präsenz im Hier und Jetzt, assoziatives Weltbild

- (Jungsteinzeit): Mythen, Rituale, Urbilder, kollektives Unterbewußtsein, Traumreisen, Feuerläufe, Analogie-Weltbild (Mythologie)

- (Königtum): Priester, Religion, der Eine Gott, Einweihungs-Rituale, Mysterien, philosophisches Weltbild

- (Materialismus): wissenschaftliche Forschung, Psychologie, Parapsychologie, magische Forschung, naturwissenschaftliches Weltbild

- (Globalisierung): Gesamtsysteme, Ökologie, Synthese aus verschiedenen Weltbildern, soziale Aspekte, Friedens-Initiativen, globales Weltbild

V Die Muttergöttin

Die Mutter ist das zentrale Motiv in dem Weltbild der Altsteinzeit, wie schon die vielen Statuetten und Gravuren von Frauen zeigen, die erhalten geblieben sind.

V 1. Die Mutter

Die Frauen-Statuetten und die Frauen-Felsgravuren aus der Altsteinzeit haben mehrere Eigenschaften, die jedoch bei keiner Statuette alle gleichzeitig vorkommen:

- gebückte Haltung => vermutlich sexuelle Vereinigung
- Frau/Kuh-Mischform => Fruchtbarkeit
- einen sehr fülligen Leib => genügend Nahrung, schwanger
- Kuhhorn in der Hand => Vagina, Füllhorn, Fülle
- zweifache Darstellung => Mutter im Diesseits und im Jenseits
- linker Arm erhoben, rechter Arm gesenkt => Diesseits und Jenseits

In den damaligen Vorstellungen über die Muttergöttin hat es diesen Darstellungen zufolge mindestens drei Aspekte gegeben. Diese drei Aspekte gab es zum einen im Diesseits und zum anderen auch im Jenseits.

die Muttergöttin in der Altsteinzeit		
Aspekt	*Bereich*	
	Diesseits	*Jenseits*
Zeugung	Frau, Geliebte Zeugung im Diesseits	Wiederzeugungs-Geliebte Wiederzeugung im Jenseits
Geburt	Mutter Geburt der Lebenden	Jenseits-Mutter Wiedergeburt der Toten als Seele
Stillen	Stillen die, die Nahrung gibt	Wiederstillen Ursprung der Ritualtrank-Symbolik

Der Schamane wird vermutlich auch die Aufgabe gehabt haben, den Kontakt zu der Muttergöttin herzustellen, wenn dabei aufgrund der Situation ein besonders intensiver Kontakt gebraucht wurde. Es ist unwahrscheinlich, daß der Kontakt zu dem Urbild der Mutter nicht nur über den Schamanen möglich gewesen ist – schließlich trägt

16

jeder Mensch dieses Bild in sich.

Vermutlich ist das Bild der Mutter eng mit dem Bild der Gruppe, also der Familie bzw. Sippe verbunden gewesen.

Es ist ebenfalls anzunehmen, daß das Bild der Mutter mit dem sommerlichen Zeugungs-Fest verbunden gewesen ist – schließlich geht es bei diesem Fest um Zeugung und Geburt, die fest mit der Mutter verknüpft sind. Dieses Mittsommer-Zeugungsfest ist damals notwendig gewesen, damit die Kinder zu Frühjahrsanfang geboren werden und dann im nächsten Winter schon etwas kräftiger sind und den damals in der Eiszeit recht kalten Winter überleben konnten. Dieselbe Funktion hat in den kalten Ländern die Brunstzeit bei den größeren Tieren, die nur einmal im Jahr Junge bekommen. Überreste dieses Festes finden sich bei sehr vielen Völkern in Europa, Asien und Amerika, die alle von diesen Eiszeit-Jägern in Eurasien abstammen.

Die Aspekte der Muttergöttin sind das Zeugungsfest im Diesseits und die Wiederzeugung im Jenseits, die Geburt im Diesseits und die Wiedergeburt im Jenseits, sowie der Nähren (Stillen) und der Ritualtrank (Wiederstillen).

V 2. Die Schwitzhütte

Die erste bekannte Hütte wurde vor 1,9 Millionen Jahre errichtet – von ihr ist eine steinerne Grundmauer erhalten geblieben. Vermutlich hat es aber schon lange Zeit zuvor Hütten gegeben, die nur aus Ästen, Laub und evtl. Fellen bestanden haben – von ihnen sind natürlich keine Überreste erhalten geblieben. Derartige Bauten gibt es bei vielen Säugetieren und Vögeln: die Höhlen der Wölfe, Füchse, Bären, Dachse, Fischotter, Kaninchen usw. die Nester der Vögel und einiger Affen-Arten, die Kober der Eichhörnchen, die Burgen und Dämme der Biber und dergleichen mehr. Diese Schutzbauten der frühen Menschen könnten also recht weit bis zu ihren Affen-Vorfahren zurückreichen.

Es ist anzunehmen, daß diese Schutzbauten mit dem Bauch der Mutter assoziiert wurden – dies waren die einzigen Innenräume, die es damals gegeben hat ...

Zum Beginn der Eiszeit vor 600.000 Jahren wurde eine Beheizung der Hütten notwendig. Dafür hat man Steine in einem Feuer zum Glühen gebracht und sie dann mit dem Schulterblatt eines Hirsches oder einem ähnlichen Knochen in die Mitte der Hütte getragen. Wenn ein halberfrorener Jäger heim kam, hat man evtl. auch noch noch etwas Wasser über die glühenden Steine in der Hütte gegossen, um die Hitze noch zu verstärken. Von dieser Heiz-Technik ist heute nur noch die Sauna übriggeblieben ...

Auch Suppen konnte man damals auf diese Weise kochen: Man legte kleine, heiße Steine in einen mit Wasser, Fleischstücken und Kräutern gefüllten Fellbeutel.

Die Hütte und auch die Schwitzhütte gaben Schutz. Da man zum einen Schutz generell von den Eltern und von der Muttergöttin, also von der Sippen-Mutter erhielt, und zum anderen die Hütte und die Schwitzhütte bereits mit dem Mutterbauch assoziiert hat, lag es nahe, dieses Bild auszuweiten und die Stäbe, aus denen die Hütte erreichtet worden ist, mit den Ahnen zu assoziieren.

Wenn man in der Schwitzhütte gesessen hat, hat man sich manchmal außer Schutz und Wärme sicherlich auch noch andere Dinge gewünscht wie viele Kinder oder Erfolg bei der Jagd. Da man damals Tiere als „Bild-Adjektive" benutzt hat, werden nach und nach auch einige Tiere mit der Schwitzhütte assoziiert worden sein: der Seelenvogel, das starke Großraubtier, das fruchtbare Herdentier und die Schlange der Unterwelt – dies sind noch heute die vier Tiere, die in den Schwitzhütten angerufen werden.

Als Spezialist für die Herstellung der Verbindung zu den Ahnen und der Muttergöttin wird der Schamane die Treffen in der Hütte, die ausdrücklich dem Kontakt mit den Ahnen und der Muttergöttin gedient haben, geleitet haben – so ist allmählich die Schwitzhütten-Zeremonie entstanden. Ein wesentlicher Teil dieser Zeremonien wird der Kontakt zu den Ahnen gewesen sein, der sich heute vor allem in den Familienaufstellungen wiederfindet.

Die Schwitzhütte wird auch mit den Höhlen, die von den damaligen Menschen bemalt worden sind, assoziiert worden sein – auch sie sind ein „heiliger Innenraum".

Zu Beginn der Jungsteinzeit wurden die Schwitzhütten größer und detailreicher – sie wurden zu den ersten Tempeln. Diese Schwitzhütten-Tempel, die in Göbekli Tepe in Nord-Mesopotamien stehen, bestanden aus mehreren Elementen:

- einem äußeren Steinring mit einem Kuppeldach aus Ästen und Fellen – dies stellte den Bauch der Muttergöttin dar

- einem inneren Steinring mit einem Kuppeldach aus Ästen und Fellen – dies stellte das Kind in dem Mutterbauch dar

- einer Verbindungsmauer zwischen den beiden Steinkreisen – dies stellte die Nabelschnur dar

- einem Gang, der zu dem äußeren Kreisring geführt hat – dies stellte die Vagina der Muttergöttin dar

- einer Steinplatte mit einem Loch vor dem Eingang, auf der die beiden aus Stein gemeißelten Panther der Göttin saßen
- meist acht Pfeiler in der inneren Mauer, die stark abstrahierte Menschen sind – sie stellen die Ahnen dar

- zwei große Pfeiler in der Tempelmitte – sie stellen „Leib und Seele" dar

Später in der Jungsteinzeit entstanden aus diesen Tempeln und aus den Höhlen mit den Höhlenmalereien die Höhlentempel, die aus einem Gang und einer Kammer an ihrem Ende bestanden. Daraus haben sich dann die Hügelgräber entwickelt – und auch die Pyramiden mit dem Gang, der zu ihnen führt. Auch viele Tempel haben diese Grundriß. Durch das Fortlassen der Mauer und die Reduzierung auf die Ahnen-Pfeiler sind die Steinkreise entstanden, die oft mit einer Stein-Allee verbunden sind, die dem Gang zu dem Schwitzhütten-Tempel entspricht.

Übersicht über die Schwitzhütten-Entwicklung

Elemente	Form					
	Schwitz-hütte	*Schwitzhütten-Tempel*	*Steinkreis*	*Hügelgrab*	*Pyramide*	*Tempel*
innerer Kreis (Kind)	-	innere Kuppel	innerer Steinkreis	Grabkammer-Platten	Pyramide	Tempel
äußerer Kreis (Mutter)	Kuppel	äußere Kuppel	äußerer Steinkreis	Steinkreis um Hügelgrab	Mauer um Pyramide	Mauer um Tempel
Nabelschnur-Mauer	-	Nabelschnur-Mauer	-	-	-	-
Gang	evtl. Gang	Gang	Stein-Allee zum Steinkreis	Gang zur Grabkammer	Gang vom Tempel zur Pyramide	Gang zum Zentrum
Ahnen im Kreis	Stäbe	Ahnen-Pfeiler	Menhire	Grabkammer-Steinplatten	Statuen	Statuen
Leib und Seele	Vogel-Stab; Totem-pfahl	zwei Mittel-Pfeiler	zwei Zentral-Menhire	Sarkophag	Sarkophag	Zentral-Symbol
Eingangs-Lochplatte	-	Eingangs-Lochplatte	-	Eingangs-Platte	verschlossener Eingang	Tempel-Tor
Panther am Eingang	-	zwei Panther-Statuetten	zwei große Menhire am Allee-Anfang	-	zwei Pylone (Türme)	zwei Türme oder Säulen

V 3. Die Nabelschnur

Die Nabelschnur wird schon sehr lange ein Symbol gewesen sein – stellt sie doch die Verbindung zwischen Mutter und Kind dar. Noch das heutige Wort „Religion" spielt auf diese Verbindung an, da es „Rück-Verbindung", auch im Sinne von „Rückhalt" bedeutet.

Die frühesten möglichen Darstellungen einer solchen Verbindung sind die Frauen-Statuetten und Frauen-Gravuren aus der späten Altsteinzeit und der frühen Jungsteinzeit, die ihren linken Arm emporheben und ihren rechten Arm niedersenken – dies könnte die Muttergöttin als die Verbindung zwischen den beiden Welten darstellen. Das beliebte Motiv der doppelten Frau zeigt, daß die Muttergöttin nicht nur die Verbindung der beiden Welten gewesen ist, sondern daß sie selber als diese beiden Welten angesehen worden ist. Dieses Motiv der Urgöttin, die die beiden Welten ist, hat sich in manchen Erdgöttinnen, in der sumerischen Urgöttin Tiamat, in der südamerikanischen weiblichen Urschlange u.ä. erhalten können.

Ein zweites Motiv, das möglicherweise auch ein Nabelschnur-Symbol gewesen ist, ist der Stab, auf dem ein Vogel sitzt. Dieses Motiv ist in den Höhlenmalereien darge-stellt worden und findet sich in allen Kulturen auf der Erde. Es scheint daher mindes-tens von dem frühen Homo sapiens zu stammen – vielleicht ist es aber auch schon deutlich älter und wurde auch schon vom Homo erectus benutzt. Es stellte den Seelenvogel dar – der Stab hat entweder das Fliegen angedeutet oder die Verbindung zur Muttergöttin, wobei das erstere zunächst einmal schlichter und daher wahrschein-licher ist.

Die erste völlig sichere Darstellung der Nabelschnur findet sich in den Tempeln von Göbekli Tepe, wo sie in der Form einer kurzen Mauer den äußeren Mutter-Steinkreis mit dem inneren Kind-Steinkreis, in dem auch die Menschen beim Ritual sitzen, verbindet.

Aus dem Vogelstab hat sich der Totempfahl entwickelt, der zunächst einmal nichts anderes als ein großer Vogelstab gewesen ist. Zu Beginn der Jungsteinzeit waren aus diesen einfachen „Vogel-Pfählen" jedoch schon komplexe Totempfähle mit Panthern, Ahnen, Totenköpfen, Schlangen, der doppelten Göttin usw. geworden. Vermutlich waren diese Totempfähle neben den Bildern der Höhlenmalerei die ersten Darstel-lungen komplexer weltanschaulicher Zusammenhänge.

Aus den Totempfählen, die ja ursprünglich aus Baumstamm geschnitzt wurden be-vor sie in der Frühen Jungsteinzeit auch aus Stein hergestellt worden sind, ist dann der Weltenbaum als die Nabelschnur zwischen Himmel und Erde, zwischen Diesseits und Jenseits entstanden.

Durch die Assoziation der Weltenbaum-Nabelschnur mit dem Hügelgrab und dem Berg als dem Bauch der schwangeren Erdgöttin ist die Nabelschnur-Symbolik auch auf den heiligen Berg übertragen worden, der dann zum Götterberg geworden ist.

Diese Nabelschnur war der „Arbeitsweg" der Schamanen – an ihr entlang reisten sie in das Jenseits zu der Muttergöttin und zu den Ahnen. Es ist daher nicht verwunderlich, daß der Weltenbaum in der Form eines Stabes zu dem Symbol der Schamanen geworden ist. Später ist aus ihm dann der Seherstab und die Szepter der Könige und schließlich der Zauberstab geworden.

In der Jungsteinzeit war der Schamane also auch ein „Stab-Träger".

Die Nabelschnur			
Symbol u.ä.	*Elemente*		
	Diesseits	*Verbindung*	*Jenseits*
zweifache Göttin	obere Hälfte	Göttin	untere Hälfte
zweifache Göttin	linker Arm nach oben	Göttin	rechter Arm nach unten
Vogelstab	Mensch	Stab	Seelenvogel
Totempfahl	Mensch	Vogel obenauf	Vogel
Heilige Pfeife (Indianer)	Mensch	Pfeifenrohr	Pfeifenkopf
Statue	Mensch	Vogel auf Schultern	Vogel
Szepter	Mensch	Szepter	Götter
Zauberstab	Mensch	Zauberstab	Götter
Mythen	Erde	Weltenbaum	Himmel
Mythen	Erde	Götterberg	Himmel
Schwitzhütte	Menschen	Anrufung	Ahnen
Schwitzhütten-Tempel	innerer Steinring	Nabelschnur-Mauer	äußerer Steinring
Pyramide	Taltempel	Gang	Pyramide
Steinkreis	Außenbereich	Stein-Allee	Steinkreis
Hügelgrab	Außenbereich	Gang	Grabkammer
Tempel	Außenbereich	Gang	Zentral-Raum
„Religion"	Mensch	Religion	Götter

VI   Die Tier-Symbolik

In der Altsteinzeit sind fast nur Tiere gemalt und graviert worden – die Ausnahme sind die Mutter-Statuetten und die Darstellungen von Tier-Tänzern.

Da die Häufigkeit der dargestellten Tiere sowohl von der Häufigkeit der Tiere in dem damaligen Lebensraum der Steinzeitjäger als auch von der Häufigkeit der Tiere auf ihrem Speiseplan (erkennbar anhand der Knochenreste) sehr stark abweicht, können sie keine einfache Darstellung ihrer Umwelt oder ihrer Nahrung sein. Diese Tiere müssen daher eine symbolische Bedeutung haben – sie waren sozusagen „Bild-Adjektive".

Man wird davon ausgehen können, daß diese Symbol-Tiere auch in dem Weltbild der damaligen Schamanen eine wesentliche Rolle gespielt haben werden.

VI 1.   Der Seelenvogel

Der Seelenvogel ist eines der ältesten Symbole. Es ist daraus entstanden, daß der Lebenskraftkörper bei der Astralreise (Nahtod-Erlebnis) über dem physischen Körper schwebt. Die Begriffe „Seele", „Astralkörper" und „Lebenskraftkörper" bezeichnen in diesem Zusammenhang alle dasselbe.

Die früheste Darstellung eines Seelenvogels stammt aus der späten Altsteinzeit und ist ein Vogel-Stab neben einem (beinahe?) toten Jäger.

In den indianischen Schwitzhütten erscheint der Seelenvogel als der Adler im Osten, der Weite, Überblick und Vorausdenken symbolisiert.

Da man dadurch zum Schamanen werden kann, daß man ein Nahtod-Erlebnis hat, also sich selber als Seelenvogel erlebt, ist der Seelenvogel eng mit dem Schamanismus verbunden. Auch die Ahnen werden bei ihrem Tod zu Seelenvögeln, die oft auf dem Weltenbaum sitzen und dort von dem Schamanen auf seinen Jenseitsreisen besucht und um Rat und Hilfe für ihre Nachkommen gebeten werden.

VI 2.   Das Großraubtier

Das Großraubtier symbolisiert Kraft und vor allem Erfolg bei der Jagd. Da sich die altsteinzeitlichen Jäger auch diese Kraft und diesen Jagderfolg gewünscht haben, haben sie sich mit dem Großraubtier identifiziert. Diese Symbolik findet sich in der Epoche des Königtums auch bei der Sphinx und bei der Darstellung und Benennung der Könige als „Löwe" u.ä.

Die frühesten Darstellungen von Großraubtieren stammen aus den Höhlenmalereien der späten Altsteinzeit. Aus dieser Zeit ist auch die Statuette eines Mannes mit einem Pantherkopf bekannt.

In den indianischen Schwitzhütten erscheint das Großraubtier meistens als der Bär im Norden, der Stärke und Eigenständigkeit symbolisiert.

Da der Schamane zwar nicht im Bereich der Jagd, aber im Bereich des Jenseits und daher auch im Bereich der Magie der Stärkste war, erhielt auch er das Großraubtier als Abzeichen. In den jungsteinzeitlichen Bildern und auch noch in den Darstellungen des frühen Königtums lassen sich die Schamanen daran erkennen, daß sie das Fell eines Großraubtiers (Panther, Löwe, Tiger, Leopard, Puma, Jaguar, Bär usw.) tragen oder manchmal auch auf einem solchen Fell sitzen.

VI 3. Das Herdentier

Da Herdentiere in großer Zahl auftreten, waren sie das Symbol für die Fruchtbarkeit und die Zeugungskraft.

Die frühesten Darstellungen von Herdentieren stammen aus den Höhlenmalereien der späten Altsteinzeit. Aus dieser Zeit sind auch die Felsgravuren von tanzenden Männern mit Stierkopf oder einem Hirschgeweih auf ihrem Kopf bekannt. Dies könnten Jagdzauber sein, auch wenn eher der Panthermann der Jäger ist, der Magie benutzt – er identifizierte sich mit dem erfolgreich jagenden Großraubtier und nicht mit dem Herdentier, also mit dem Beutetier.

Daher werden sich die Stier- und Hirschtänzer eher auf die Vorstellung beziehen, daß sich die (männlichen) Toten im Jenseits in ein Herdentier verwandeln, um dessen Zeugungskraft zu erhalten, damit sie sich selber im Jenseits erfolgreich zusammen mit der Jenseits-Muttergöttin wiederzeugen konnten. Dies ist eines der am weitesten verbreiteten mythologischen Motive, das zu den vielen Mann/Herdentier-Misch-gestalten geführt hat: Pan, Faune, Satyrn, Centauren, Minotaurus usw. Aus ihnen ist dann viel später der bocksbeinige und gehörnte Teufel geworden.

In den indianischen Schwitzhütten erscheint das Herdentier als die Weiße Büffelfrau im Süden, die Fruchtbarkeit und Gemeinschaft symbolisiert.

Da der Schamane auch die Seelen der Toten ins Jenseits begleitet haben wird, erscheint auch er in der Gestalt eines Herdentier-Mannes – allerdings ist diese Schamanen-Gestalt deutlich seltener als der Großraubtier-Mann.

VI 4. Die Schlange

Die Schlange lebt auf der Erde und wohnt in Höhlen und Felsspalten, also in der Erde. Da dort in der Erde auch die Toten begraben liegen, wurden die Toten auch als Schlangen dargestellt. Schon zu Beginn der Jungsteinzeit ist auch der Weg in die Unterwelt als Schlange aufgefaßt worden.

Davon leitet sich u.a. auch das Motiv der Riesenschlange ab: der Weg der Sonne von ihrem Untergangspunkt im Westen bis zu ihrem Aufgangspunkt im Osten. Als um 6000v.Chr. eine allgemeine Trockenzeit begann, wurde diese Riesenschlage als Regenräuber aufgefaßt, der dann im Herbst von dem Himmels- und Sonnengott besiegt wurde.

Durch die Verbindung der Ahnen-Schlange mit dem Seelenvogel und dem Bestattungsfeuer entstand die geflügelte, feuerspuckende Schlange, d.h. der Drache – später kamen dann noch die Hörner der Herdentiere, die Barteln eines Fisches (Seele in der Wasserunterwelt) und einiges anderes hinzu, wodurch der Drache zu dem allgemeinen Jenseitsreisesymbol wurde.

Die frühesten Darstellungen von Schlangen stammen aus der frühen Jungsteinzeit, in der sie bereits als Totengeist, als Jenseitsweg und als die Gaben der Toten erscheinen. Zu diesen Gaben der Toten gehören auch die Kraft und das Feuer der aufsteigenden Kundalini-Schlange.

In den indianischen Schwitzhütten erscheint die Schlange im Süden und symbolisiert das Kleine, das Verborgene und die Kraft der Verwandlung.

Für den Schamanen sind die Schlangen als Ahnengeister wichtig, aber die größte Bedeutung hat das Erwecken der Kundalini-Schlange, das eng mit der Astralreise verbunden ist und das zudem eine effektivere Magie ermöglicht.

VI 5. Das Krafttier

Jeder Mensch hat drei „natürliche Verbündete". Wenn sich eine Seele inkarniert, hat diese Seele einen bestimmten Charakter und eine bestimmte Absicht, die sich u.a. in der Wahl des Horoskopes ihrer derzeitigen Inkarnation zeigt.

Diese Qualität der derzeitigen Inkarnation einer Seele steht mit dem Tier in Resonanz, das die Dynamik hat, die dem Wesen und der Absicht der Seele am ähnlichsten ist: das ist das Krafttier des Betreffenden.

Diese Qualität der derzeitigen Inkarnation einer Seele steht weiterhin mit der Pflanze in Resonanz, die die Haltung hat, die dem Wesen und der Absicht der Seele am ähnlichsten ist: das ist die Kraftpflanze des Betreffenden.

Diese Qualität der derzeitigen Inkarnation einer Seele steht außerdem noch mit dem Stein (Mineral) in Resonanz, der die Struktur hat, die dem Wesen und der Absicht der Seele am ähnlichsten ist: das ist der Kraftstein des Betreffenden.

Diese drei Verbindungen bleiben genauso wie das Horoskop ein ganzes Leben lang bestehen.

In den frühen Kulturen hat man diese drei Verbündeten, d.h. vor allem das Krafttier, durch Omen bei der Geburt des Betreffenden oder durch auffällige spätere Ereignisse erkannt. Heute benutzt man eher Traumreisen für diesen Zweck – alleine oder mithilfe eines Schamanen.

Wenn ein heutiger Homöopath nach einem Heilmittel für einen Patienten sucht, fragt er sich auch als erstes, ob das Problem des Patienten eine Struktur (Stein), eine Haltung (Pflanze) oder eine Bewegung (Tier) ist.

VI 6. Das Blut

Das Blut ist schon früh zu einem Symbol des Lebens geworden. Bereits in der Altsteinzeit vor 250.000 Jahren benutzte man roten Ocker in Ritualen – vermutlich zur Köperbemalung, die die Lebenskraft vermehren sollte. Dieser Brauch blieb in das frühe Königtum in Ägypten hinein bestehen.

VII   Das Jenseits

Das Jenseits ist der Bereich, in den die Schamanen reisen. Die Vorstellungen über das Jenseits und die Jenseitsreise sind daher fest mit den Schamanen verbunden.

VII 1.   Jenseits und Seelen

Was ist das Jenseits? Das Wort an sich suggeriert einen Ort, der jenseits der Grenze zwischen Diesseits und Jenseits liegt – auf der anderen Seite des Jeneitsflusses, der Jenseitsbrücke, des Jenseitsabgrundes usw. Dieser „Ort" ist jedoch offensichtlich nur bildhaft und nicht wörtlich im Sinne einer „2. Welt" zu verstehen, die unter der Erdoberfläche, jenseits des Weltmeeres, irgendwo in den Sternen usw., also an einem „unter normalen Umständen unerreichbaren Ort" liegt.

Das, was sich über das Jenseits sicher sagen läßt, ist, daß sich dort die Ahnen befinden – nicht die Körper der Ahnen, die ja in deren Grab liegen, sondern eben die Seelen. Das Jenseits ist also der Bereich der Seelen.

Es liegt die Frage nahe, ob sich die Seele in einem lebenden Menschen in demselben Bereich befindet wie die Seele eines toten Menschen. Man könnte argumentieren, daß die Seele nichts anderes als die Bewußtseinsebene ist, also die „Innenseite der Welt". Dann gäbe es keinen prinzipiellen Unterschied zwischen der Seele eines lebenden und eines toten Menschen – die Seele eines lebenden Menschen wäre dann nur an einen Körper gebunden.

Man kann daher sagen, daß ein Schamane im Wesentlichen jemand ist, der in der Lage ist, in den Bereich der Seelen zu reisen oder (schlichter formuliert), der mit den Seelen Kontakt aufzunehmen kann – egal ob sie sich in einem lebenden oder in einem toten Menschen befinden. Der Schamane wäre dann jemand, der absichtlich und voll bewußt auf die „Ebene der Seelen" gehen kann.

VII 2.   Das Haus des Bewußtseins

Um besser zu verstehen, was das Jenseits, die „Ebene der Seelen", das Seelen-Bewußtsein usw. eigentlich sind, hilft es, sich das Bewußtsein selber einmal genauer anzuschauen.

Die bekannteste Form des Bewußtseins ist das Wachbewußtsein – das z.B. gerade jetzt diese Zeilen liest. In ihm befinden sich alle Informationen, die für die augenblickliche Situation notwendig sind: Wahrnehmungen, Erinnerungen, Absichten, Gedanken, Gefühle, Pläne usw.

Das Wachbewußtsein ist wie ein Büro mit einem Schreibtisch, auf dem alles liegt, was gerade gebraucht wird.

Dann gibt es das Unterbewußtsein – es wird „unterbewußt" genannt, weil seine Inhalte eben nicht im Wachbewußtsein sind. Wenn alle Wahrnehmungen, alle Erinnerungen, alle Gedanken, alle Gefühle gleichzeitig bewußt wäre, wäre das Wachbewußtsein vollkommen arbeitsunfähig – „Input-Overkill" …

Daher bleibt das Unterbewußtsein im Hintergrund und sendet nur die Informationen in das Wachbewußtsein, die gerade gebraucht werden – aber z.B. beim Lesen dieser Zeilen nicht die Erinnerung an das Datum des Geburtstags der eigenen Großmutter mütterlicherseits und auch nicht die Wahrnehmung des eigenen Körpergewichts auf dem eigenen Hintern, auf dem man gerade sitzt.

Das Unterbewußtsein ist wie ein großes Archiv, aus dem man bei Bedarf die verschiedensten Dinge in das Büro holen kann. Wie Träume, Traumreisen, Hypnosen, Visionen usw. zeigen, ist dieses Archiv keine chaotische Ansammlung von vielen Erinnerungen, sondern ein gut sortierter Ort.

Der Ekstase-Zustand ist zwar allen geläufig, aber nur wenigen als Konzept im Alltag geläufig. Dieser Zustand zeichnet sich dadurch aus, daß das sich das Bewußtsein ganz auf eine einzige Sache konzentriert – es ist „einsgerichtet". Es gibt mehrere Formen der Ekstase: die Angst-Ekstase, die Schmerz-Ekstase, die Lust-Ekstase, die Sucht-Ekstase und die meditative Ekstase, die auf einer gewollten und freiwilligen einsgerichteten Konzentration beruht.

Bei der Ekstase erfüllt ein einziger Inhalt das gesamte Bewußtsein, wodurch besondere Zustände hervorgerufen werden wie die Panikattacke, der Orgasmus oder das Dharana (Einsgerichtetheit-Zustand) in der Meditation.

Der Ekstase-Zustand ist wie das Spotlight einer Schreibtischlampe auf dem Büro-Schreibtisch des Wachbewußtseins.

Diese drei Bewußtseinsformen sind die Möglichkeiten des Bewußtseins, die von der Anzahl ihrer Inhalte abhängen – sie sind alle drei Varianten der Wahrnehmung, der Verarbeitung und der Ausrichtung des Bewußtseins.

Es gibt jedoch noch eine vierte Form des Bewußtseins, die etwas anders geartet ist als die bereits beschriebenen drei Formen:

Das Tiefschlaf-Bewußtsein ist leer, es ist still, es ist ohne Inhalte, es ist „Bewußtsein an sich". Somit bildet es die Grundlage der anderen Bewußtseinsformen, die sich durch die Anzahl ihrer Inhalte unterscheiden: im Unterbewußtsein sind alle Inhalte, im Wachbewußtsein sind die im Augenblick benötigten Inhalte und im Ekstase-Zustand ist der eine wichtigste Inhalt.

Man kann sich das Tiefschlaf-Bewußtsein somit wie das Haus vorstellen, in dem sich das Archiv des Unterbewußtsein, das Büro des Wachbewußtseins und das Spotlight des Ekstase-Zustandes befinden.

Jede dieser vier Formen des Bewußtseins hat eine bestimmte Hirnstrom-Frequenz, die man mit einem EEG messen kann. Jedes Bewußtsein ist die „höhere Oktave" des ihm zugrunde liegenden Bewußtseins, d.h. es hat eine doppelt so hohe Frequenz.

die vier Bewußtseinsformen		
Bewußtsein	*Inhalte*	*EEG-Frequenz*
Tiefschlaf-Bewußtsein	keine	$\varnothing$ 3Hz (2-4Hz)
Unterbewußtsein	alle	$\varnothing$ 6Hz (4-8Hz)
Wachbewußtsein	die im Augenblick wichtigen	$\varnothing$ 12Hz (8-16Hz)
Ekstase-Zustand	einer	$\varnothing$ 24Hz (16-32Hz)

Bei der Meditation werden zwei oder mehr dieser Bewußtseins-Zustände miteinander verbunden, wobei das Wachbewußtsein jedesmal dabei ist, da der Zustand sonst ja nicht bewußt hervorgerufen werden könnte und auch nicht wachbewußt wäre.

    1. Wachbewußtsein + Tiefschlaf   = Stille-Meditation (Zen)
    2. Wachbewußtsein + Unterbewußtsein = Traumreise
    3. Wachbewußtsein + Ekstase-Zustand = Tantra, Kundalini, Magie u.ä.

Die Schamanen benutzen alle drei dieser Möglichkeiten von „außergewöhnlichen Bewußtseinszuständen":

    1. Mit der Stille-Meditation erreichen sie die Ebene der Seelen.

    2. Mit den Traumreisen erhalten sie telepathische Informationen von den Göttern, den Ahnen oder auf direkte Weise (z.B. verlorene Dinge wiederfinden). Durch die Traumreisen erhalten die Schamanen Kontakt zu dem kollektiven Unterbewußtsein, das man als ein telepathisch verbundenes

Netzwerk aus den Unterbewußtseinen aller jetzt lebenden und aller verstorbenen Menschen auffassen kann.

3. Mit dem Ekstase-Zustand können die Schamanen sich ganz auf ein einziges Ziel ausrichten und dadurch eine hohe telepathische/telekinetische Intensität erlangen, die eine große magische Wirkung hat.

Das Nahtod-Erlebnis, das die Grundlage des Schamanismus ist, enthält alle drei Elemente:

1. die bewußte Begegnung mit der eigenen Seele (entspricht von der Wirkung her der Stille-Meditation),

2. das Erlebnis, an den Jenseitsfluß o.ä. zu gelangen, wo man die Seelen von Verstorbenen trifft (entspricht der Traumreise), und

3. die hohe Intensität, die das Einsgerichtetsein auf den vermeintlich bevorstehenden eigenen Tod hervorruft (entspricht der Ekstase).

Somit sind die Schamanen auch „Spezialisten der drei außergewöhnlichen Bewußtseinszustände", die den Menschen möglich sind.

VII 3. Die Jenseits-Bilderwelt der Schamanen

Die meisten Elemente der Jenseits-Vorstellungen der religiösen Epoche des Schamanismus sind bereits beschrieben worden. Hier folgt noch einmal eine Übersicht:

- Die Seele wird aufgrund des Erlebnisses der Astralreise bei einem Nahtod einem Vogel verglichen und daher bildhaft als Vogel, d.h. als Seelenvogel dargestellt.
Aus ihm wurden später die Vögel mit Menschenkopf, die Menschen mit Vogelkopf, die Menschen mit Flügeln (Engel), die Menschen mit Federkleid usw.

- Mit der Astralreise war das Erlebnis der aufsteigenden Kundalini assoziiert, weil das Erlebnis des einen oft zu dem Erlebnis des anderen führt.

- Das Symbol für das Nahtod-Erlebnis bzw. allgemein die Astralreise ist der Vogel-Stab: ein Stab, auf dem oben ein Vogel sitzt.

Aus ihm hat sich der Totempfahl entwickelt, der im Wesentlichen ein Mensch ist, auf dem oben sein Seelenvogel sitzt. Diese Totempfähle wurden dann später zu den Stäben der Schwitzhütte, zu Menhiren, zu Statuen, zu den Säulen in Tempel, zu den beiden Pfeilern des Jenseitstores usw. Auch der Weltenbaum teilt diese Symbolik: ein riesiger Baum, in dessen Krone die Seelenvögel sitzen.

- Das Jenseits, also der Ort, an dem die Toten sind, stellte man sich aufgrund der Bestattung in der Erde als eine „Welt unter der Erdoberfläche" vor. Aufgrund der aus den Quellen emporsprudelnden Süßwasser und der am Horizont (scheinbar) aus der Erde aufsteigenden Wolken stellte man sich vor, daß sich unter der Erde ein riesiger Süßwassersee befand, den man mit dem Erdjenseits zu einer Wasserunterwelt verband.

- Aufgrund des Erdjenseits konnten die Ahnen auch als Schlangen und aufgrund des Wasserjenseits auch als Fische dargestellt werden – das Fisch-Motiv ist jedoch im Vergleich zu den Seelenvögeln und den Ahnenschlangen recht selten. Es kommt auch das Motiv der Seelen als Sterne und auch als Blüten an der Krone des Weltenbaumes vor – diese beiden Motive stammen vermutlich erst aus der Jungsteinzeit.

- Die Ankunft im Jenseits wurde analog zu der Ankunft im Jenseits aufgefaßt. Auf diese Weise entstanden die drei Motive der Wiederzeugung, der Wiedergeburt und des Wiederstillens.

Die Wiederzeugung wurde mit der Zeugungskraft und der Fruchtbarkeit der Herdentiere verknüpft – so entstand das Motiv der Zeugung im Jenseits des Toten in der Gestalt eines Stieres, Hengstes, Hirsches, Eber, Widders oder Ziegenbocks mit der Muttergöttin in der entsprechenden Gestalt einer Kuh, einer Stute, einer Hindin, einer Sau, eines Schafes oder einer Ziege.

Auf diese Weise entstanden die Mischformen von Mensch und Herdentier: z.B. Zeus als Stier und Hathor als Kuh; Poseidon als Hengst und Demeter als Stute; Cernunnos als Hirsch und die Hindin, die Sigurd-Siegfried gesäugt hat; Freyr als Eber und Freya als Sau; Schaf-Gestalten sind recht selten; von den Ziegengestalten sind vor allem Pan und der Teufel als Ziegenbock-Mann sowie Freya-Heidrun als Ziege bekannt.

Aus der Verbindung des Wiedergeburts-Motivs mit dem Getreide hat sich der Korn- und Totengott entwickelt. Die zyklische Wiedergeburt des Getreides und somit auch des Korngottes in jedem Frühjahr hat zu dem Motiv der

Reinkarnation beigetragen – was natürlich nur etwas über die Einordnung der Reinkarnations-Vorstellungen in das mythologische Gesamtbild aussagt, aber nicht über die Realität der Reinkarnation an sich.

Das Wiederstillen hat zu dem Symbol des Füllhorns der Muttergöttin geführt, das schon aus den Höhlenbildern der späten Altsteinzeit bekannt ist. Später hat es sich zu den verschiedenen Ritualtränken weiterentwickelt: der Trank in dem Hathor-Kelch bei den Ägyptern, der Met der Kelten und Germanen, das Nektar amrita der Griechen, das Soma der Inder, das Haoma der Perser, der Balché-Trank der Mayas, das Lebenselixier der Alchemisten in Europa und Indien usw.

Da die Muttergöttin die zentrale Gestalt im Diesseits und im Jenseits war, weil ohne sie die Zeugungen, die Geburten und das Stillen sowie die Wiederzeugungen, die Wiedergeburten und das Wiederstillen unmöglich war, wurde sie bereits in der späten Altsteinzeit zu einer zweifachen Göttin. Sie wird bis mindestens in die mittlere Jungsteinzeit hinein die zentrale Bezugsperson der Schamanen gewesen sein, bevor der Sonnengott, der Göttervater u.a. zu der wichtigsten Gottheit im Jenseits geworden sind.

- Ein wichtiger Ort für die Schamanen ist die Schwitzhütte gewesen, da sie den Bauch der Muttergöttin und auch die Kontaktstelle zu den Ahnen gewesen ist. Auch Gräber wurden als Bauch der Muttergöttin aufgefaßt und somit mit der Schwitzhütte assoziiert. Die späteren Hügelgräber waren der Bauch der schwangeren Erdgöttin. Vermutlich sind in der Altsteinzeit auf Gräbern Reisighügel, also symbolische Schwitzhütten errichtet worden.

In der frühen Jungsteinzeit wurden aus den Schwitzhütten die halbsteinernen Schwitzhütten-Tempel von Göbekli Tepe, die sich dann schrittweise zu den klassischen Tempeln, den Pyramiden und den Steinkreisen weiterentwickelt haben.

Bei ihrer Jenseitsreise-Tätigkeit sitzen die Schamanen entweder in der Schwitzhütte oder auf dem Grab bzw. Hügelgrab des betreffenden Toten. Daraus hat sich das Motiv des „Schamanen-Sitzes" entwickelt, der eine Reisig-Lage, ein Sockel, ein flacher Tisch, ein Schemel u.ä. sein konnte.

- Das Feuer könnte schon in der Altsteinzeit ein Symbol für Wärme, Leben und Kraft gewesen sein – vielleicht auch für Tod und Zerstörung.

VIII Magie und Rituale

Die Schamanen waren für verschiedene Rituale zuständig – letztlich für alle magisch-religiösen Tätigkeiten.

VIII 1. Die Jenseitsreise

Das wichtigste Ritual ist zweifellos die Jenseitsreise. Davon gibt es im Wesentlichen vier Varianten:

1. die Begleitung des Toten ins Jenseits bei der Bestattung;

2. der Besuch bei den Toten im Jenseits, um von ihnen Rat und Hilfe zu erhalten;

3. das langfristige Zurückholen des Toten in seinen Totenschädel, damit er während der Lebzeit seiner Nachkommen, die ihn noch persönlich kennen, bei ihnen ist; und

4. das dauerhafte Zurückholen des Toten in seine Statue, damit er immer die Lebenden beschützt.

VIII 2. Der Feuerlauf

Wenn man etwas zu den Toten senden wollte, mußte man es in das Jenseits senden. In das Jenseits können jedoch (von einer bildhaften Logik her betrachtet) nur Dinge gelangen, die tot sind. Wie kann man z.B. ein Stück Fleisch oder einen Apfel töten? Indem man ihn zerstückelt, auf eine andere Weise zerstört oder indem man ihn einfach verbrennt. Das ist der Ursprung der ab der Jungsteinzeit sehr weit verbreiteten Brandopfer – die u.a. auch aus dem Alten Testament bekannt sind.
Daraus ergab sich die (bildhafte) Schlußfolgerung, daß auch die Toten am einfachsten durch ein Verbrennen in das Jenseits gelangen konnten. Das ist der Ursprung der Brandbestattung.
Aus diesen beiden Symboliken ergab sich wiederum, daß das Tor zum Jenseits ein Feuer sein muß – schließlich gingen sowohl die Toten selber als auch die Opfergaben

an sie durch das Feuer. Diese Vorstellung hat z.B. bei den Indogermanen dazu geführt, daß jedes Ritual mit einem Feuer begann oder daß in jedem Tempel ein „ewiges Feuer" brennen muß – schließlich öffnet das Feuer das Tor zum Jenseits, in dem die Ahnen und die Götter sind.

In dieser Symbolik liegt auch der Ursprung des Weihrauchs – Räucherwerk sind verbrannte Pflanzenteile und Harze ... und in Äygpten wurde Weihrauch „senetjer" genannt, d.h. „das, was göttlich macht", womit gemeint ist, daß der Weihrauch die Seele bez. Gottheit in ihre Statue hineinruft. Der Weihrauch öffnet wie das Feuer das Tor zum Jenseits.

Aus dieser Symbolik des Feuer-Jenseitstores folgte wiederum, daß der Schamane, der ins Jenseits reisen will, durch ein Feuer gehen muß. So entstand der vor allem von den Indogermanen gut bekannte Feuerlauf, bei dem man barfuß über einen Glutteppich geht. Solche Feuerläufe sind jedoch auch von anderen Völkern bekannt – auf Hawaii gehen die Priester sogar barfuß über glühende Lava.

Der Feuerlauf ist ein ganz realer Vorgang ohne jeden Trick – man kann sich auch nackt ausziehen und in die Glut legen (das weiß ich aus eigener Erfahrung).

Aus dieser komplexen Feuer-Symbolik haben sich später viele andere Motive ergeben wie das Feuer, das die Drachen (Totengeister) spucken, die Flammen, die im Inneren eines Hügelgrabes glühen, das Fegefeuer in der Hölle (Hölle = Höhle = Grabkammer eines Hügelgrabes) usw.

VIII 3.   Die Schwitzhütte

Die Schwitzhütte ist sowohl mit der Muttergöttin als auch mit den Ahnen verbunden: die Hütte ist der Bauch der Muttergöttin und die Stäbe der Hütte sind die Ahnen, die ihren Nachkommen Rückhalt geben.

Daher erhalten die Menschen in der Schwitzhütte wieder Urvertrauen, Geborgenheit, Schutz, Rückhalt, Kraft, Gemeinschaft und ähnliche Qualitäten.

VIII 4.   Das Sommer-Zeugungsfest

Vermutlich ist auch das Mittsommer-Zeugungsfest, das für die Geburten zu Frühjahrsbeginn sorgte, von den Schamanen organisiert worden. Wahrscheinlich werden sie auch um Fruchtbarkeit für die Frauen und um Zeugungskraft für die Männer gebeten haben.

Aus diesem Fest ist dann später die Heilige Hochzeit des Königs und der

Hohepriesters in Sumer entstanden, die sogenannte Tempelprostitution im ganzen Mittelleerbereich, das Tantra in Indien, die von den christlichen Missionaren stark verzerrt dargestellte Variante der Walpurgisnacht, das sommerliche sexuelle Fest der Dakota-Indianer, an dem sich jeder Mann und jede Frau frei einen Partner aussuchen darf, teilweise auch der Karneval usw.

VIII 5. Jagdzauber

Der Jagdzauber ist mit der Verwandlung in das Großraubtier verbunden gewesen, das bis zur Mitte der Jungsteinzeit der Panther gewesen ist. Später kamen dann Löwe, Tiger, Leopard, Bär, Jaguar usw. hinzu.

Die Muttergöttin in der Alt- und Jungsteinzeit wurde von zwei Panthern begleitet, was zeigt, daß sie auch eine Jagdgöttin gewesen ist oder zumindestens den Jägern ihre Panther-Kraft gegeben hat. Später wurden die beiden Panther dann zu zwei Löwen, Leoparden, Katzen usw.

VIII 6. Fruchtbarkeitszauber

Die Fruchtbarkeitszauber sind mit den Herdentieren verbunden gewesen – die Menschen sollte so zeugungskräftig und fruchtbar wie die Herdentiere werden und sich genauso zahlreich vermehren.

Sehr wahrscheinlich wird es den Fruchtbarkeitszauber sowohl in Bezug auf das Diesseits, also bezüglich der lebenden Menschen, als auch in Bezug auf das Jenseits und die Wiederzeugung der Verstorbenen gegeben haben.

VIII 7. Heilung

Die Heilung durch die Schamanen wird sich vermutlich von ihren Jenseitsreisen abgeleitet haben: Da die Schamanen die ganze Seele eines Ohnmächtigen in seinen Leib zurückholen konnten und auch die Seele der Ahnen zu ihren Nachkommen holen konnten, damit sie ihnen halfen, lag es nahe, die Krankheit als „kleinen Tod" aufzufassen und die Ursache der Krankheit als den Verlust eines kleinen Teiles der Seele anzusehen. Auf diese Weise ist das weltweit verbreitete Schamanismus-Motiv der

Heilung durch das Zurückholen eines Seelenteils entstanden.

Man kann diese Form der Heilung auch als Re-Integration der Psyche sowie als Trauma-Heilung auffassen – eine durchaus effektive Methode.

Sehr wahrscheinlich werden die schamanischen Heilungen auch durch andere Heilungsmethoden wie Wundverbände, Zahnbehandlungen und Kräutertees ergänzt worden sein. Bereits für die Altsteinzeit sind Amputationen, Operationen und Zahnbehandlungen wie Bohrungen und Plomben archäologisch nachgewiesen – Kräutertees sind zwar nicht direkt nachweisbar, aber ausgesprochen wahrscheinlich.

VIII 8. Hilfsmittel

Es gibt einige Hilfsmittel der Schamanen, die weit verbreitet und gut bekannt sind. Zu ihnen zählen:

- die Felle und Masken von Herdentieren bei Fruchtbarkeitszaubern und die Felle und Masken von Großraubtieren bei Jagdzaubern sowie allgemein wahrscheinlich das Fuchsfell als Symbol der Jenseitsreise;

- die Rahmentrommel (Tambourin) und der Tanz als Ekstase-Methode, wobei das Trommelfell der Trommel oft mit einer Jenseits-Landkarte (meistens der Weltenbaum) bemalt worden ist;

- die Schwitzhütte, ein Grab oder der Altar mit den Ahnen-Totenschädeln als Ritual-Ort;

- die Symbolik:
    - roter Ocker = Blut, Lebenskraft
    - Vogel = Seele
    - Schlange = Ahnen
    - Großraubtier = Stärke
    - Herdentier = Zeugungskraft, Fruchtbarkeit
    usw.

- die Zahlensymbolik:
    2 = Diesseits und Jenseits, zweifache Muttergöttin
    3 = Plural, Zyklus, Sonne, Wiedergeburt
    4 = Himmelsrichtungen, überall
    8 = groß, vollständig, vollkommen

- Vermutlich wurde schon früh mit den verschiedensten Kräutern experimentiert, die einen todesähnlichen Zustand, d.h. ein Nahtod-Erlebnis hervorgerufen haben. Die Verwendung von Drogen im Kult findet sich bei vielen naturnah lebenden Völkern. Selbst in den Mysterienkulten, die um 600 v.Chr. aus der Schamanen-Tradition heraus entstanden sind, wurden möglicherweise zum Teil Drogen verwendet.

Die Drogen sind jedoch nur ein oft gefährliches Hilfsmittel für Erlebnisse, die auch ohne Drogen möglich sind – schließlich wird dabei ein Nahtod angestrebt, der bei falscher Dosierung auch zu einem realen Tod führen kann.

Ein ähnlicher Ansatz ist z.B. die Methode der Kelten, einen Druiden-Anwärter, der an einen Baumstamm gefesselt worden ist, in einem wassergefüllten Schacht zu versenken und ihn erst dann, wenn er fast ertrunken war, wieder herauszuziehen und wiederzubeleben. Das diese Methode, zu einem Nahtod-Erlebnis (Astralreise) zu kommen, lebensgefährlich war, ist offensichtlich …

IX Die Entwicklung der Schamanen

Die Schamanen sind die magisch-spirituell-religiösen Spezialisten der Altsteinzeit. Sie haben sich, wenn eine neue Epoche anbracht, jeweils auch selber zu etwas Neuem weiterentwickelt.

Der Überblick über diese Entwicklung hilft zu verstehen, was Schamanen in der heutigen Zeit sein könnten.

IX 1. Altsteinzeit

Der Schamanismus ist in der Altsteinzeit entstanden, als einige Menschen versucht haben, durch willentlichen Entschluß und durch Übung die Astralreise bei einem Nahtod-Erlebnis zu wiederholen. Dadurch waren sie in der Lage, zu den Seelen der Lebenden und den Seelen der Toten Kontakt aufzunehmen.

Um das zu erlernen, wird es auch schon damals hilfreich gewesen, einen Menschen zu kennen, der das bereits beherrscht. Da in den damaligen kleinen Jagd-Gemeinschaften nicht immer ein solcher Mensch gewesen sein wird, mußte man in einem solchen Fall oft nach so jemandem in einer anderen Sippe suchen. Sehr wahrscheinlich wird auch nach der „Schamanen-Lehre" ein Kontakt zwischen den beiden Schamanen und auch zu anderen Schamanen bestehen geblieben sein. Auf diese Weise ist die erste Gemeinschaft entstanden, die nicht auf Verwandtschaftsbanden, sondern auf einem gemeinsamen Interesse beruhte. Dies war der erste Verein – er war noch informell, aber bereits gemeinnützig …

Das Weltbild dieser Schamanen und der Menschen damals allgemein beruhte auf Assoziationen. Auf diese Weise ist auch das menschliche Unterbewußtsein aufgebaut und auf diese Weise lernen auch Tiere.

IX 2. Jungsteinzeit

In der Jungstein wurde die zusammenlebenden Gemeinschaften deutlich größer und daher konnten auch größere Schamanengemeinschaften entstehen. Sie müssen eine recht hohe Organisationsform gehabt haben, da sie bis zu 5000 Menschen bei dem Bau der damaligen Schwitzhütten-Tempel z.B. in Göbekli Tepe (Nord-Mesopotamien) um 10.000 v.Chr. koordinieren konnten. Für diese Bauten wurden u.a. mehr als 5m hohe, komplex bearbeitete Steinpfeiler und steinerne Totempfähle angefertigt.

Sie haben u.a. Gemeinschaftstänze durchgeführt, die z.B. um 7000 v.Chr. in Çatal Höyük dargestellt worden sind.

Das allgemeine Weltbild beruhte damals auf Analogien, d.h. auf Gleichnissen. Die Benutzung von Analogien anstelle von Assoziationen war notwendig geworden, weil es zuviele Menschen in einer Gemeinschaft gab, als daß man jeden Einzelnen gut kennen konnte. Daher entstanden abstraktere Begriffe wie „Jäger", „Steinmetz", „Zimmermann", „Bauer, „Aussaattermin", Töpferscheiben-Achse" usw., die alle einen einzelnen Aspekt der betreffenden Menschen und Dinge in den Vordergrund stellen.

Die wichtigste Analogie der Jungsteinzeit war das Mensch/Korn-Gleichnis, das durch den Ackerbau entstanden war, der um 8500 v.Chr. erfunden worden ist. Die Aussaat entspricht der Zeugung, das Keimen der Geburt, das Wachsen dem Leben, die Ernte dem Tod, die Lagerung dem Verweilen im Jenseits und die erneute Aussaat wieder der Geburt bzw. der Wiedergeburt.

Die Gesamtheit dieser Analogien, in die diese „allgemeinen Begriffe" eingebettet waren, bildete die Mythologie.

Für jeden dieser Begriffe und für jede Analogie gab es einen „richtigen Zustand", der angestrebt wurde – der Aussaattermin sollte am richtigen Zeitpunkt im Jahr sein, die Achse der Töpferscheibe sollte gerade sein, der Mensch sollte in Kontakt mit seiner Seele sein usw. Diese Richtigkeit wurde durch Bilder dargestellt und magisch herbeigerufen – dies sind die Statuen, die Tempel und die Rituale.

Dadurch wurden die Schamanen auch zu „Erhaltern der Richtigkeit". Das wichtigste Symbol dieser Richtigkeit war die Geborgenheit bei der Muttergöttin, das jedoch im Verlauf der Jungsteinzeit durch den Zyklus der Sonne abgelöst wurde. Als das Rad erfunden wurde, wurde auch die perfekte Rundung des Rades zu einem Richtigkeits-Symbol. Auch die gut gestimmten Saiten der Leier bzw. Harfe wurden zu einem solchen Symbol.

Da diese Richtigkeit von den Schamanen durch Rituale dargestellt und magisch herbeigerufen wurde, erhielten die Schamanen auch die Funktion, nicht nur direkt magische wirksame Tätigkeiten wie die Jenseitsreise oder die Jagdzauber durchzuführen, sondern auch symbolische Rituale, die einen allgemeinen Zustand darstellen und bewirken sollen, zu übernehmen. Dadurch wurden die Schamanen auch zu Priestern: Der Schamane tut das, was direkt wirksam ist – der Priester tut das, was indirekt symbolisch wirksam ist.

Diese Schamanen-Priester wurden auch zu den Deutern der Orakel und der Träume und sie waren auch für das Erkennen der Zukunft zuständig.

IX 3. Königtum

In der Epoche des Königtums, die um 3250 v.Chr. mit der Gründung des ägyptischen Königreiches begann, entstand eine Zentralisierung der Gemeinschafts-Organisation auf den König.

Dadurch wurde der Priester-Aspekt von den Schamanen-Priestern abgetrennt und zu einer Priester-Hierarchie mit dem König an der Spitze aus- und umgebaut: der König garantierte die Richtigkeit und die Priester verteilten sie im Land.

Der Schamanen-Aspekt bestand jedoch lange Zeit weiter in der Gestalt der Bestattungs-Priester, der Krönungs-Priester, der Jenseitsreise-Priester, der Heiler-Priester und generell der Magie-Priester. Dieser Schamane stand als „Priester mit speziellen Aufgaben-Bereichen" neben der allgemeinen Priester-Hierarchie – an ihn wandte man sich bei besonderen Gelegenheiten, d.h. bei allen Arten von Krisen: Bestattungen, Krönungen, Heilungen, Erforschen der Zukunft u.ä.

Um 600 v.Chr. wurden von China bis Westeuropa die Einweihungsrituale der Schamanen auf die Allgemeinheit ausgeweitet. Auf diese Weise entstanden die Weisheitslehren, die Meditationsanleitungen und die Mysterien: Laotse, Kungfu-tse, Tschungtse, Buddha, Jaina, Patanjali, Zarathustra, Pythagoras, Zalmoxis, die Mithras-Mysterien, die Mysterien von Eleusis und von Samothrake und die Mysterien des Sol Invictus, die Einweihungsrituale der Kelten und der Germanen usw.

Dadurch wurde der Schamanen-Priester auch zum Leiter der Einweihungen, zum Weisen und zum Meditationslehrer. Das Prinzip der Mysterien könnte man als „Jeder ein Schamane!" und „Jeder sein eigener König!" umschreiben. Das zentrale Element der Mysterien war naturgemäß das „Nichts im Übermaß!", das zu dem „Erkenne Dich selbst!" führt … die Begegnung mit der eigenen Seele.

Das Urbild dieses Strebens und dieser Schamanen-Einweihungspriester ist bei den Germanen Odin, bei den Kelten Cernunnos, bei den Persern Mithras, bei den Indern Krishna, bei den Juden Christus usw.

Die Weltsicht, die in dieser Epoche neu entstanden ist, ist die Philosophie: Alles wird von einer ersten Ursache her abgeleitet und mit ihr sowie aus ihr heraus erklärt – in der Regel ist Gott diese erste Ursache. Dies ist die Zentralisierung im Denken. Die Anwendung dieser Zentralisierung auf die innere Haltung ist die meditative Konzentration; das Hilfsmittel dieser Einsgerichtetheit sind die Mysterien-Rituale; und das Ziel dieser Zentralisierung in jedem einzelnen Menschen ist das Erkennen und Erleben der eigenen Seele, was wiederum zu einem eigenverantwortlichen Handeln führt … „Jeder sein eigener König!"

IX 4. Materialismus

Im Materialismus betrachtet der in der vorigen Epoche eigenständig geworden Mensch die Welt als Objekt vor sich. Dadurch, daß der Mensch „sein eigener König" geworden ist, kann er eine Distanz zur Welt einnehmen und die einzelnen Dinge in der Welt sachlich untersuchen. Dadurch entstand ab ca. 1500 n.Chr. der Materialismus mit seinen Entdeckungen, Erfindungen und Erforschungen sowie mit der sich daraus als praktischer Anwendung ergebenden Industrialisierung.

Die Menschen, die in den früheren Epochen Schamanen geworden wären, wurden nun Forscher, Erfinder und Entdecker. Zunächst einmal gab es von dieser neuen Gruppe von Menschen keine Verbindung mehr zu den früheren Schamanen außer der neugierigen und wißbegierigen Geisteshaltung.

Lediglich in dem Spiritismus, der den Ahnenkult der Schamanen aus der Alt- und Jungsteinzeit bewahrt hat, sowie in den Priestern, die zu Mystikern geworden waren, lebte der alte spirituell-magische Erkenntnisdrang weiter. Erst als sich die ersten Forscher der menschlichen Psyche zuwandten und die Psychologie begründeten, entstand so etwas wie „naturwissenschaftliche Schamanen": die Psychologen und Therapeuten.

IX 5. Globalisierung

Nach den beiden Weltkriegen entstand eine neue Geisteshaltung, die aus der Erkenntnis heraus entstanden war, daß der Blick aufs Einzelne und der kurzsichtige Egoismus der Nationalsstaaten und der Freien Marktwirtschaft nicht ausreichten, um eine allgemeine Vernichtung der Menschen durch sich selber zu verhindern.

Das führte zu vielen neuen Entwicklungen:

- die Gründung der UNO und ihrer Unterabteilungen wie z.B. der WHO,
- die atomare Abrüstung,
- die Erkenntnis der Grenzen des Wachstums,
- die Versuche der Begrenzung der Überbevölkerung,
- die Entstehung der Ökologie,
- die Entwicklung neuer Beziehungsmodelle,
- der Boom der Psychologie,
- die Re-Integration der alten schamanischen Methode des „Ahnenkults" in Form der systemischen Familienaufstellungen,
- die Renaissance der alten Religionen,

- die Bestrebungen, eine Kooperation aller Religionen und eine Synthese aller Religionen zu erschaffen,
- das Vordringen insbesondere der Physik und der Astronomie in Bereiche, die weit jenseits der üblichen Vorstellungen liegen und viele Ähnlichkeiten mit den früheren magisch-mythologisch-religiösen Weltbildern aufweisen,
- die zunehmende Re-Intagration des naturwissenschaftlichen Weltbildes des Materialismus mit dem magischen Weltbild der Altsteinzeit, der Jungsteinzeit und der Epoche des Königtums,
    usw.

Aus diesen Entwicklungsansätzen in dem neuen „global orientierten" Weltbild, das sich seit ca. 1950 zu entwickeln beginnt, läßt sich herleiten, was ein Schamane in der heutigen Zeit sein könnte.
Das wird in dem nächsten Kapitel näher betrachtet.

X Schamanen heute

In einem Buch über den Schamanismus ist die Frage, was ein Schamane heute sein kann oder sein sollte und warum es überhaupt noch wünschenswert sein könnte, daß es Schamanen gibt, der zentrale Punkt …

Wenn es keine schlüssige Antwort auf diese Frage geben sollte, wäre der Schamanismus lediglich eine alte Religionsform aus früheren Zeiten und höchstens noch von einem akademischen Gesichtspunkt her betrachtet von mäßigem Interesse.

Wenn es auf diese Frage keine Antwort geben sollte, wäre im Grunde auch dieses Buch mehr oder weniger überflüssig – dann hätte ich es auch nicht geschrieben …

X 1. Die sinnvolle Verwendung des Begriffes „Schamane"

Es läßt sich eigentlich nicht entscheiden, wen man „Schamane" nennen sollte und wen nicht – letztlich ergibt sich das ganz schlicht aus der kollektiven Verwendung dieses Begriffes … die häufigste Definition wird sich durchsetzen.

Ganz allgemein kann man für alle Begriffe sagen, daß eine zu enge Begriffs-Definition in der Regel dazu führt, daß ein Begriff zwar scharf umgrenzt, aber nur selten benutzt wird. Das gilt natürlich nicht für eindeutige Grundbegriffe wie „Eisen", „gehen" oder „rot".

Wenn man einen Begriff zu weit definiert, wird seine Kontur unscharf. Dann wird er viel verwendet, aber sagt nicht mehr allzuviel Sicheres aus.

Schließlich kann man noch beobachten, daß ein Begriff am lebendigsten ist, wenn er für die Allgemeinheit eine große Bedeutung hat – doch das hängt nicht von der Begriffs-Definition, sondern von dem Bezeichneten ab.

Wenn man „Schamane" in der ganz klassischen Weise als „Mensch mit einem Nahtod-Erlebnis, der dieses Erlebnis genutzt hat, um Kontakt zu den Seelen herzustellen" benutzt, steht man auf der sicheren Seite. Man wird aber bei dem Nahtod-Erlebnis trotzdem nicht unbedingt wie früher in der Altsteinzeit an einen Jagdunfall denken müssen, sondern vielleicht eher an einen Verkehrsunfall, ein Erwachen aus einer Chloroform-Narkose, während man noch (im Astralkörper) über seinem Körper schwebt, oder ähnliches.

Auch den Kontakt zu den Ahnen wird man wohl eher auf eine moderne Weise betrachten wie z.B. im Spiritismus oder in Familienaufstellungen – auch wenn die Ahnen-Anrufungen in Schwitzhütten-Zeremonien durchaus auch vorkommen können.

Nun, letztlich ist diese Betrachtung eigentlich müßig, weil man sich zwar selber dafür entscheiden kann, wie man diesen Begriff benutzen will, aber nur einen sehr geringen Einfluß darauf hat, wie er allgemein benutzt werden wird.

X 2. Schamanismus und Globalisierung

In der heutigen Epoche der Globalisierung, die um ca. 1950 begonnen hat, haben viele Tätigkeiten der Schamane eine neue Gestalt erhalten. Wenn man die klassischen Tätigkeiten der Schamanen und ihre heutigen Formen betrachtet, erhält man schon einmal ein recht gut konturiertes Bild von dem, was ein Schamane heute sein könnte.

- Der Schamane ist im Wesentlichen jemand, der seine eigene Seele (Astralkörper) kennt und daher sekundär auch in der Lage ist, die Seele von anderen Menschen zu erkennen bzw. anderen helfen kann, ihre eigene Seele zu erkennen.

Zu diesem Erlebnis hat im Schamanismus in der Regel ein Nahtod-Erlebnis geführt. Es sind allerdings auch andere Methoden denkbar: die Sonnentänze aus der Jungsteinzeit, die Mysterien und die Meditationen aus der Epoche des Königstums und die psychologischen Methoden aus dem Materialismus.

- Dann ist ein Schamane auch ein Forscher – sonst hätte er sein Nahtod-Erlebnis nicht zu seiner Schamanen-Stellung ausgebaut.

Somit wäre ein Schamane in der heutigen Zeit auch ein Forscher, der die Welt verstehen will und nach einem umfassenden Weltbild sucht, daß sowohl die Magie, die Religion und die Spiritualität als auch die Naturwissenschaften umfaßt.

- Dann ist ein Schamane auch jemand, der den Menschen in seiner Gemeinschaft hilft – der Schamanen-Priester der alten Ägypter, der bei den Bestattungen die Jenseitsreise zu dem Toten unternahm, hieß „Sem", d.h. schlicht „Helfer".

Einen Menschen, den man in der heutigen Zeit „Schamane" nennen könnte, sollte also auch das Bedürfnis haben, anderen zu helfen: ein Arzt, ein Heiler, eine Krankenschwester, ein Therapeut, ein Sozialarbeiter, eine Yoga-Lehrer, ein Schwitzhütten-Leiter, ein Feuerlauf-Leiter, ein Magie-Lehrer usw.

- Ein Schamane hat zumindestens in der Jungsteinzeit auch die Aufgabe des Leitens der Rituale, die die Richtigkeit (wieder-)herstellen.

Daher wären das Leiten von Ritualen und auch andere sozial-organisatorische Aufgaben durchaus etwas, was traditionellerweise zu einem Schamanen gehört: der Leiter eines Magier-Ordens, die Leiterin eines Hexen-Covens, ein Priester in einer Kirche, die Leiterin einer Caritas-Einrichtung, der Organisator einer Mysterien-Schule, der Gründer einer Astrologie-Schule und vieles anderes mehr.

- Ein Schamane ist auch in der Lage, Botschaften der Götter und der Ahnen zu empfangen.

Ein heutiger Schamane sollte daher ebenfalls diese Fähigkeit haben: durch das gut geübte Benutzen von Tarot-Karten, als Astrologe, als Leiter von Familienaufstellungen, durch Traumreisen, durch spiritistische Sitzungen und derlei Methoden mehr.

- Ein Schamane ist in mancherlei Hinsicht auch ein Träger und Erhalter und Entwickler des magisch-religiös-spirituellen Aspektes seiner Kultur.

Ein heutiger Schamane sollte daher auch eine Weltanschauung haben, die auf soliden Erfahrungen beruht und in sich schlüssig ist. Es wäre auch sehr angenehm, wenn er seinen eigenen Stil und daher auch die Grenzen und Schwerpunkte seines eigenen Weltbildes kennt. Er könnte Religionshistoriker, Philosoph, Magie-Praktiker und noch allerlei anderes sein – oder auch all dies auf einmal, was natürlich am besten wäre.

- Eine Aufgabe des Schamanen ist auch, für das Wohlergehen seiner Gemeinschaft zu sorgen.

Dazu würden in heutiger Zeit nicht nur psychologische und soziale Kenntnisse zählen – auch ein ökologisches Engagement und Aktivitäten in der Friedensbewegung wären ausgesprochen passend und weiterhin alle ähnlichen Tätigkeiten, dies dem Erhalten der Möglichkeit der Menschen, weiterhin auf dieser Erde zu leben, dienen.

- Schließlich sind Schamenen auch Magie-kundig.

Ein heutiger Schamane sollte also in der Lage sein, Telepathie zu nutzen, mit Homöopathie umzugehen, wirksame Talismane herzustellen, Krafttiere zu erkennen, Feuerläufe durchzuführen, Hypnose durchzuführen, Kampfmagie zu lehren usw.

Die Ansprüche an einen heutigen Schamanen sind nicht gerade gering – aber das werden sie in der späten Altsteinzeit auch nicht gewesen sein …

X 3. Schamanen-Synkretismus

Es gibt viele schamanische Traditionen – die der vielen verschiedenen Indianer-Stämme, die der sibirischen Völker, die der afrikanischen Stämme, die der australischen Aborigines, die der Bewohner von Ozeanien, die halbvergessenen Traditionen der Germanen, Kelten, Perser und anderer indogermanischer Völker, dann auch die Tradition der Mysterien und Meditationslehren, die um 600 v.Chr. gegründet worden sind, und auch einige psychologischen Richtungen – vor allem die von C.G. Jung.

Es gibt keine „richtige" und keine „falsche" Tradition oder Überlieferung und auch keine „passende", „unpassende", „zeitgemäße", „unzeitgemäße usw. Richtung, denn alle schamanischen Traditionen beruhen auf demselben Fundament.

- Die Schamanen rufen verschiedene Gottheiten an – aber sie alle kennen die Muttergöttin.

- Die Schamanen benutzten verschiedene Methoden – aber sie haben alle dasselbe Ziel.

- Die Schamanen haben verschiedene Schwerpunkte in ihrem Tun – aber das Zentrum sind immer die Seelen der Menschen.

Daraus folgt, daß in der heutigen globalisierten Zeit, in der alle diese verschiedenen Traditionen zu einem gewissen Ausmaß allen verfügbar sind, ein synkretistischer Ansatz das sinnvollste Vorgehen ist: Jeder sucht sich den Lehrer, die Methode und den Schwerpunkt, der am besten zu ihm paßt.

Daraus ergeben sich Misch-Methoden, die afrikanische Sonnentänze, das Jung'sche Konzept des kollektiven Unterbewußtsein, altägyptische Gottheiten, Derwisch-Tänze, hawaiianische Feuerläufe, indianische Schwitzhütten, südamerikanische Ayahuasca-Zeremonien, südafrikanische Familienaufstellungen, europäischen Spiritismus, die Rituale des Golden Dawn und vieles andere munter miteinander kombinieren.

Aus dieser bunten Mischung werden sich dann nach und nach die allen Systemen gemeinsamen Grundlagen herauskristallisieren und man wird immer deutlicher die Grundprinzipien, die all diesen Methoden zugrunde liegen erkennen. Auf diese Weise werden die „Neo-Schamanen" auch an dem seit 1950 allmählich entstehen neuen Weltbild der Globalisierungs-Epoche mitwirken.

- Das Weltbild der Altsteinzeit entspricht dem Baby: ein Leben als Teil der Natur in Natur bzw. als Baby in Symbiose mit der Mutter – Freunds „orale Phase" ... ein „Ja"

- Das Weltbild der Jungsteinzeit entspricht dem Kleinkind: das Formen von Teilen der Natur zur Kultur des Ackerbaus und der Viehzucht und der Dörfer bzw. ein Prägen der eigenen Umwelt durch Laufen, Handeln und Sprache – Freuds „anale Phase" ... ein „Nein!"

- Das Weltbild der Epoche des Königtums entspricht dem Kind: die Zentralisierung der gesamten Kultur auf den König, die Wahrheit und Gott bzw. die Zentrierung der Psyche auf das Ich und letztlich auf die Seele – Freuds „phallische Phase" … ein „Ich!!!"

- Das Weltbild des Materialismus entspricht dem Pubertierenden: das Erforschen und Nutzen der gesamten Welt bzw. das Erproben der eigenen Kraft und das Suchen nach einer passenden Beziehung – Freuds „genitale Phase" … ein „Du?"

- Das Weltbild der Globalisierung entspricht dem Erwachsenen: die Suche nach einem stabilen System der Menschheit auf der Erde bzw. nach einem stabilen System der Familie durch die Eltern – die „adulte Phase" … ein „Wir."

Die Schamanen haben also derzeit die ziemlich gewaltige Aufgabe, an der Entwicklung eines Weltentwurfs mitzuarbeiten, der allen eine Lebensmöglichkeit gibt und die Erde als unsere Lebensgrundlage bewahrt. Es wäre hilfreich, wenn sie zu Vorbildern für das „Eltern-sein" werden würden … zu „Eltern ihrer Kinder" und zu „Eltern der Erde".

Das ist nur in einem System möglich, in dem die Abgrenzungen aufgelöst werden und in dem die Individualität nicht mehr durch Abgrenzung, sondern durch Selbstgewißheit geschützt wird. Dafür wird ein weitsichtiger Egoismus benötigt, der die nächsten 10 bis 20 Folgen überschaut. Der Kampf zwischen dem alten, teilweise narzistischen, kurzsichtigen Egoismus und dem neuen, weitsichtigen Egoismus kann man in der derzeitigen Politik (im Jahr 2020) an allen Ecken und Enden beobachten.

Die beiden wichtigen Aspekte eines abgrenzungslosen Weltbildes sind die Verantwortung und das Vertrauen: in Verantwortung das Ganze tragen und in Vertrauen von dem Ganzen getragen werden.

Schließlich gibt es noch einen Aspekt dieses neuen Weltbildes: Es kann nur funktionieren, wenn der Großteil der Menschen die nötigen Einsichten, die nötige Weitsicht und daher den weitsichtigen Egoismus erlangt. Das bedeutet, daß diese neue Weltordnung nicht erfunden oder verordnet werden kann, sondern daß sie in (fast) allen Menschen entstehen muß – sie ist eine „Graswurzel-Revolution".

Für den Schamanismus bedeutet dies, daß letztlich alle zumindestens ansatzweise zu Schamanen werden müssen.

Damit ist der Begriff „Schamane" jetzt natürlich sehr weit ausgedehnt worden, aber er ist trotzdem noch hinreichend scharf konturiert, um eine klare Aussage zu enthalten.

X 4.   Wie kann man heute zum Schamanen werden?

Im Rheinland sagt man „jeder Jeck ist anders" … das gilt auch für den Weg zum Schamanen: Es gibt keinen einheitlichen Weg. Man kann mögliche Elemente dieses Weges aufzählen, wobei sie alle schon in diesem Buch bereits genannt worden sind. Es reicht auch nicht ein einzelner dieser Ansätze, sondern es müssen schon eine größere Gruppe dieser Ansätze sein, die dazu führen, daß man sich sinnvollerweise „Schamane" nennen kann.

- Nahtod-Erlebnisse
- Meditations-Erfahrungen mit der eigenen Seele
- Traumreisen
- Familienaufstellungen
- Mysterien-Einweihungen
- Schwitzhütten
- Feuerläufe
- Totenanrufungen („Totenbeschwörungen")
- Rituale
- Psychologie
- Therapie
- Astrologie
- Deuten von Omen und Orakeln
- Friedensaktivitäten
- gewaltfreie Kommunikation
- im Hier und Jetzt präsent sein
- ökologisches Engagement
- Mitarbeit an der atomaren, biologischen und chemischen Abrüstung
  usw.

- - -

Es kommt nicht darauf an, ein Schamane zu werden oder von anderen „Schamane" genannt zu werden, sondern darauf, das zu erkennen und zu tun, was man will, und auch das zu erkennen und zu tun, was für das Überleben unserer Spezies auf der Erde notwendig ist. Wenn das heute zu dem wesentliche Merkmal eines Schamanen werden sollte, dann ist es gut, ein Schamane zu sein.

Bücher von Harry Eilenstein

„Magie für Anfänger"

- Telepathie für Anfänger (60 S.)
- Telepathie für Fortgeschrittene (52 S.)
- Telekinese für Anfänger (52 S.)
- Lebenskraft für Anfänger (60 S.)
- Meditation für Anfänger (56 S.)
- Hypnose für Anfänger (56 S.)
- Auto-Movement für Anfänger (56 S.)
- Chakra-Magie für Anfänger (148 S.)
- Ritual-Magie für Anfänger (56 S.)
- Mandalas für Anfänger (68 S.)
- Geldzauber für Anfänger (56 S.)
- Liebeszauber für Anfänger (52 S.)
- Evokationen für Anfänger (60 S.)
- Elfen für Anfänger (56 S.)
- Magie-Forschung für Anfänger (140 S.)
- Selbsterkenntnis für Anfänger (52 S.)
- Zahlensymboik für Anfänger (60 S.)
- Die Sprache des Mondes – für Anfänger (116 S.)
- Zaubergesänge für Anfänger (100 S.)
- Zukunftschau für Anfänger (60 S.)
- Schamanismus für Anfänger (52 S.)
- Magie für Anfänger – Sammelband I (696 S.)
- Magie für Anfänger – Sammelband II (664 S.)

Magie

- Handbuch für Zauberlehrlinge (408 S.)
- Tarot (104 S.)
- Physik und Magie (184 S.)
- Die Magie-Formel (156 S.)
- Krafttiere – Tiergöttinnen – Tiertänze (112 S.)
- Schwitzhütten (524 S.)

Meditation

- Der Lebenskraftkörper (230 S.)
- Die Chakren (100 S.)
- Das Chakren-System mit den Nebenchakren (296 S.)
- Meditation (140 S.)
- Drachenfeuer (124 S.)
- Reinkarnation (156 S.)
- einsgerichtet (140 S.)

Astrologie

- Astrologie (496 S.)
- Photo-Astrologie (428 S.)
- Die astrologischen Aspekte (88 S.)
- Horoskop und Seele (120 S.)

Kabbala

- Kursus der praktischen Kabbala (150 S.)
- Eltern der Erde (450 S.)
- Blüten des Lebensbaumes:
  - Die Struktur des kabbalistischen Lebensbaumes (370 S.)
  - Der kabbalistische Lebensbaum als Forschungshilfsmittel (580 S.)
  - Der kabbalistische Lebensbaum als spirituelle Landkarte (520 S.)

Bücher von Harry Eilenstein

Religion allgemein

- Die sieben Schritte des Lebens (428 S.)
- Muttergöttin und Schamanen (168 S.)
- Göbekli Tepe (472 S.)
- Die Göttin von Göbekli Tepe (144 S.)
- Totempfähle (440 S.)
- Christus (60 S.)
- Dakini (80 S.)
- Vajra (76 S.)

Ägypten

- Hathor und Re 1: Götter und Mythen im Alten Ägypten (432 S.)
- Hathor und Re 2: Die altägyptische Religion – Ursprünge, Kult und Magie (396 S.)
- Isis (508 S.)

Indogermanen

- Die Entwicklung der indogermanischen Religionen (700 S.)
- Wurzeln und Zweige der indogermanischen Religion (224 S.)

Germanen

- Die Götter der Germanen (87 Bände)
- Odin (300 S.)

Kelten

- Cernunnos (690 S.)
- Der Kessel von Gundestrup (220 S.)
- Der Chiemsee-Kessel (76)

Psychologie

- Über die Freude (100 S.)
- Das Geheimnis des inneren Friedens (252 S.)
- Das Beziehungsmandala (52 S.)
- Gefühle und ihre Verwandlungen (404 S.)
- einsgerichtet (140 S.)
- Liebe und Eigenständigkeit (216 S.)
- Von innerer Fülle zu äußerem Gedeihen (52 S.)

Heilung

- Die Symbolik der Krankheiten (76 S.)

Kunst

- Herz des Tanzes – Tanz des Herzens (160 S.)

Drama

- König Athelstan (104 S.)

Die Themen der 87 Bände der Reihe „Die Götter der Germanen"

1. Die Entwicklung der germanischen Religion
2. Lexikon der germanischen Religion
3. Der ursprüngliche Göttervater Tyr
4. Tyr in der Unterwelt: der Schmied Wieland
5. Tyr in der Unterwelt: der Riesenkönig Teil 1
6. Tyr in der Unterwelt: der Riesenkönig Teil 2
7. Tyr in der Unterwelt: der Zwergenkönig
8. Der Himmelswächter Heimdall
9. Der Sommergott Baldur
10. Der Meeresgott: Ägir, Hler und Njörd
11. Der Eibengott Ullr
12. Die Zwillingsgötter Alcis
13. Der neue Göttervater Odin Teil 1
14. Der neue Göttervater Odin Teil 2
15. Der Fruchtbarkeitsgott Freyr
16. Der Chaos-Gott Loki
17. Der Donnergott Thor
18. Der Priestergott Hönir
19. Die Göttersöhne
20. Die unbekannteren Götter
21. Die Göttermutter Frigg
22. Die Liebesgöttin: Freya und Menglöd
23. Die Erdgöttinnen
24. Die Korngöttin Sif
25. Die Apfel-Göttin Idun
26. Die Hügelgrab-Jenseitsgöttin Hel
27. Die Meeres-Jenseitsgöttin Ran
28. Die unbekannteren Jenseitsgöttinnen
29. Die unbekannteren Göttinnen
30. Die Nornen
31. Die Walküren
32. Die Zwerge
33. Der Urriese Ymir
34. Die Riesen
35. Die Riesinnen
36. Mythologische Wesen
37. Mythologische Priester und Priesterinnen
38. Sigurd/Siegfried
39. Helden und Göttersöhne
40. Die Symbolik der Vögel und Insekten
41. Die Symbolik der Schlangen, Drachen und Ungeheuer
42.a Die Symbolik der Herdentiere I
42.b Die Symbolik der Herdentiere II
43. Die Symbolik der Raubtiere
44. Die Symbolik der Wassertiere und sonstigen Tiere
45. Die Symbolik der Pflanzen
46. Die Symbolik der Farben
47. Die Symbolik der Zahlen
48. Die Symbolik von Sonne, Mond und Sternen
49.a Das Jenseits I – Das Hügelgrab
49.b Das Jenseits II – Der Jenseitsweg
50. Seelenvogel, Utiseta und Einweihung
51. Wiederzeugung und Wiedergeburt
52. Elemente der Kosmologie
53. Der Weltenbaum
54. Die Symbolik der Himmelsrichtungen und der Jahreszeiten
55.a Mythologische Motive I
55.b Mythologische Motive II
56. Der Tempel
57. Die Einrichtung des Tempels
58. Priesterin – Seherin – Zauberin – Hexe
59. Priester – Seher – Zauberer
60. Rituelle Kleidung und Schmuck
61. Skalden und Skaldinnen
62 Kriegerinnen und Ekstase-Krieger
63. Die Symbolik der Körperteile
64.a Magie und Ritual I
64.b Magie und Ritual II
64.c Magie und Ritual III
65. Gestaltwandlungen
66.a Magische Angriffs-Waffen
66.b Magische Verteidigungs-Waffen
67. Magische Werkzeuge und Gegenstände
68. Zaubersprüche
69. Göttermet
70. Zaubertränke
71. Träume, Omen und Orakel
72. Runen
73. Sozial-religiöse Rituale
74. Weisheiten und Sprichworte
75. Kenningar
76. Rätsel
77. Die vollständige Edda des Snorri Sturluson
78. Frühe Skaldenlieder
79.a Mythologische Sagas I
79.b Mythologische Sagas II
80. Hymnen an die germanischen Götter